U0862345

"十三五"国家重点出版物出版规划项目
交通安全科学与技术学术著作丛书

水路运输系统安全和质量管理体系概论

黄 明 陈 鹏 著

科学出版社
北 京

内 容 简 介

本书以水路运输系统安全和质量为视角，从保障水路运输系统稳定性、运用安全和质量管理体系控制人为因素着手，对我国水路运输系统典型的安全和质量管理体系进行阐述。本书重点介绍管理体系的基本原理、船员培训和船员管理质量管理体系、船舶营运安全管理体系、船舶引航安全管理体系等水路运输系统典型的安全和质量管理体系。

本书可供港航企事业单位、海事管理机构、高等院校交通运输工程相关专业的工程技术人员、安全管理人员、科教工作者参考，也可作为相关专业学生、安全和质量管理人员培训的教材。

图书在版编目（CIP）数据

水路运输系统安全和质量管理体系概论／黄明，陈鹏著. —北京：科学出版社，2021.8

(交通安全科学与技术学术著作丛书)

“十三五”国家重点出版物出版规划项目

ISBN 978-7-03-069420-1

Ⅰ. ①水… Ⅱ. ①黄… ②陈… Ⅲ. ①水路运输-交通运输安全-研究②水路运输-质量管理体系-研究 Ⅳ. ①U698

中国版本图书馆 CIP 数据核字（2021）第 150161 号

责任编辑：魏英杰 / 责任校对：王 瑞

责任印制：吴兆东 / 封面设计：陈 敬

科学出版社 出版

北京东黄城根北街 16 号

邮政编码：100717

http://www.sciencep.com

北京九州迅驰传媒文化有限公司印刷

科学出版社发行 各地新华书店经销

*

2021 年 8 月第 一 版 开本：720 × 1000 1/16

2024 年 8 月第二次印刷 印张：11 3/4

字数：236 000

定价：99.00 元

（如有印装质量问题，我社负责调换）

“交通安全科学与技术学术著作丛书”序

交通安全作为交通的永恒主题，已成为世界各国政府和人民普遍关注的重大问题，直接影响经济发展和社会和谐。提升我国交通安全水平，符合新时代人民日益增长的美好生活需要。

“交通安全科学与技术学术著作丛书”的出版体现了我国交通运输领域的科研工作者响应“交通强国”战略，把国家号召落实到交通安全科学研究实践和宣传教育中。丛书由科学出版社发起，我国交通运输领域知名专家学者联合撰写，入选首批“十三五”国家重点出版物出版规划项目。丛书汇聚了水路、道路、铁路及航空等交通安全领域的众多科研成果，从交通安全规划、安全管理、辅助驾驶、搜救装备、交通行为、安全评价等方面，系统论述我国交通安全领域的重大技术发展，将有效促进交通运输工程、船舶与海洋工程、汽车工程、计算机科学技术和安全科学工程等相关学科的融合与发展。

丛书的策划、组织、编写和出版得到了作者和编委会的积极响应，以及各界专家的关怀和支持。特别是，丛书得到了吴有生院士、范维澄院士、翟婉明院士、丁荣军院士、李骏院士和郑健龙院士的指导和鼓励，在此表示由衷的感谢！科学出版社魏英杰编审为此丛书的选题、策划、申报和出版做了许多繁琐而富有成效的工作，特表谢意。

交通安全科学与技术是一个应用性很强的方向，得益于国家对交通安全技术的持续资金投入和政策支持，丛书结合 973 计划、863 计划和国家自然科学基金、国家支撑计划、重点研发任务专项等国家和省部级科研成果，是作者在长期科学研究和实践中通过不断探索撰写而成的，汇聚了我国交通安全领域最新的研究成果和发展动态。

我深信这套丛书的出版，必将推动我国交通安全科学与技术研究工作的深入开展，在技术创新、人才培养、安全教育和工程应用等方面发挥积极的作用。

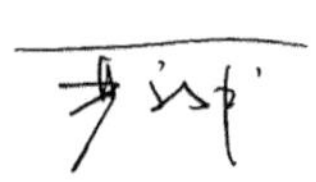

中国工程院院士

武汉理工大学交通运输工程学科首席教授

国家水运安全工程技术研究中心主任

前 言

水路运输在交通运输中发挥着重要的作用，特别是在大宗货物及中长距离货物运输方面占有优势。水路运输货物周转量排在各种运输方式的首位，也是外贸运输的主要手段，约 90%的国际贸易通过海上运输完成。

水路运输系统作为一个复杂、庞大的交通运输系统存在一定的安全和质量风险。影响水路运输系统稳定性的因素很多，其中人为因素的影响至关重要。为了控制人为因素的不良影响，水路运输系统各子系统通过建立安全和质量管理体系，加强和改善组织的管理来控制人为因素，对降低水路运输系统安全和质量风险起到了积极作用。

长期以来，我国水路运输系统各相关组织，包括船舶建造或检验机构、航运企业、港口运营单位、船员教育和培训机构、海事管理机构、航海保障机构等根据自身的职责或经营范围建立了相关的安全和质量管理体系。本书回顾这些管理体系的发展沿革，阐述其特点、依据和标准、原理和方法、实施和评审流程、及注意事项等内容，探索水路运输系统相关组织建设和改进管理体系的途径，希冀在促进行业管理水平提升，提升安全和质量绩效方面起到积极作用。

本书由武汉理工大学黄明、甘志频，大连海事大学陈鹏、赵宏革，上海海事大学胡甚平、轩少永，青岛远洋船员职业学院韩敏，福建船政交通职业学院陈元静，中远海运能源运输股份有限公司张向群撰写。本书共 9 章，第 1 章由黄明撰写；第 2 章由韩敏撰写；第 3 章由黄明、甘志频撰写；第 4 章由陈鹏、赵宏革、黄明撰写；第 5 章由黄明撰写；第 6 章由胡甚平、张向群撰写；第 7 章由胡甚平、黄明、轩少永撰写；第 8 章由陈元静撰写；第 9 章由黄明、胡甚平、陈元静、韩敏撰写。黄明对全书进行统稿。

本书在编写过程中得到多方面支持和指导，在此表示衷心感谢！特别是交通运输部海事局邓少彪、杨善利、陆立明，长江海事局李江，山东海事局张亮，江苏海事局翟久刚、韩杰祥，广东海事局李慧兰，天津海事局祁超，上海海事局王兴琦，辽宁海事局饶滚金、邢永恒，海南海事局叶宝整，浙江海事局陈坚文，福建海事局林祥仲，集美大学洪志强等所提的宝贵意见，对全书内容的准确性起到重要作用。感谢国家水运安全工程技术研究中心游旭、王腾飞两位研究生所做的资料整理工作！

国内外水路运输安全与质量管理研究日新月异，相关标准与实践仍在不断发展变化中。本书作者力图在书中反映这些成果，但囿于学识水平，书中难免有不妥之处，恳请读者批评指正。

作　者

目　　录

第 1 章　水路运输系统及管理体系

1.1　水路运输系统概述

1.1.1　水路运输及作用

水路运输(又称水上运输)指使用船舶等载运工具将人员、货物通过海洋、内河、湖泊、水库等水域进行位移的一种运输活动或运输方式。水路运输具有运载能力大、占地少、成本低、能耗少、投资省、污染小等特点，在大宗货物及中长距离货物运输方面具有优势。水路运输与铁路、公路、航空、管道运输等一起构成综合交通运输网络。

水路运输是传统行业，有悠久的历史。19 世纪蒸汽机驱动的船舶出现后，水路运输开始迅速发展。中国是世界上水路运输发展较早的国家。1872 年，中国自制的蒸汽机船开始航行于海上和内河[1]。

水路运输在现代物流中承担着重要的作用。世界上许多国家都拥有自己的商船队。其货物周转量排在各种运输方式的首位，运输量占五种运输方式总量的一半以上。此外，水路运输也是外贸运输的主要手段。人们日常生活的衣食住行都与水路运输有关。

目前大约有六万艘商船航行于世界各个水域，为世界各地运输各种各样的货物。90%的国际贸易通过海上运输完成。国际海事组织(International Maritime Organization，IMO)前秘书长米乔普勒斯曾指出：没有海员的贡献，世界上一半的人会受冻，另一半的人会挨饿。

中国的水路运输在物流运输，特别是国际物流运输中起着十分重要的作用。《2019 全球海运发展评述报告》指出，中国是干散货和集装箱贸易的主导者，过去 10 年，贡献了将近一半的全球海运贸易。

根据交通运输部发布的统计数据，2019 年，中国水路运输完成货量 74.7 亿吨，货物周转量 103963 亿吨；客运量 2.7 亿人，旅客周转量 80.2 亿公里。中国港口完成货物吞吐量 139.5 亿吨，其中外贸货物吞吐量 43.2 亿吨，集装箱吞吐量 2.6 亿标箱(twenty-feet equivalent unit，TEU)。全国内河航道通航里程 12.71 万公里，世界排名第一。世界港口吞吐量前十位的港口中国占了 7 位。中国远洋海运集团经营船队综合运力排名世界第一。根据所属船队价值总和计算的世界前十大船东国排名，中国排名第三，是拥有超大型油轮(very large crude carrier，VLCC)数量最多的国家。中国的港航基础设施、海工装备等均居世界前列。

根据交通运输部海事局发布的《2019 年中国船员发展报告》，截至 2019 年底，中国注册船员超过 165 万人。中国的航海教育和船员培训、船员队伍规模和水平在世界上处于前列。中国的海事管理、航海保障、船舶检验、航运和港口运营、海事科技等方面的管理水平、技术水平和影响力日趋提高，已形成一个具有相当规模和完备的水路运输系统，成为名副其实的航运大国，并正向航运强国的目标迈进。

此外，水路运输还是水资源综合利用的重要组成部分，与防洪、灌溉、水产养殖、岸线综合开发和利用、水环境开发和保护等密切相关，在经济社会可持续发展中发挥着重要作用。

1.1.2 水路运输系统及组成

1. 水路运输系统

水路运输系统指由船舶、港口、航道、支持保障、运营和管理等子系统组成的完成水路运输活动的一个复杂的交通运输系统。水路运输是以船舶为主要运输工具，以港口或停泊区为运输基地，以海洋、河流和湖泊等水域为运输活动范围，由具备相关知识和技能的人员参与并主导的运送客货的一种运输方式。水路运输可根据不同的方式进行分类。

根据船舶航行水域的不同，可分为海上运输和内河运输。

根据船舶类型的不同，可分为集装箱船运输、滚装船运输、散装船运输、槽罐轮运输、高速船运输、客轮运输、特种船运输、地效翼船运输。

根据货物种类的不同，可分为散装货物运输、件杂货物运输和集装箱货物运输。

根据货物性质的不同，可分为普通货物运输、危险货物运输、特种货物运输。

根据货物包装的不同，可分为集装箱运输、滚装运输、包装货物运输和散装货物运输。

根据运输合同的不同，可分为航次租船运输、定期租船运输和包运租船运输。

根据货物组织形式的不同，可分为直达运输和多式联运。

根据货物贸易范围的不同，可分为外贸运输和内贸运输。

2. 水路运输系统组成

水路运输系统作为一个复杂的、庞大的交通运输系统，由不同的子系统组成。各个子系统在整个水路运输系统中发挥各自不同的作用，保证整个运输系统功能的实现和持续有效的运行。

水路运输系统可分为如下子系统。

① 船舶子系统。具有船舶技术保障功能，为旅客、货物运输提供安全和高质量的载运工具。船舶子系统由船舶设计、船舶修造、船舶检验等子系统组成。

② 港口子系统。具有船舶停靠、装卸货物、上下旅客等功能，为船舶提供燃料补给和维修保养服务，为船舶提供躲避恶劣天气的停泊区，为货物装卸和旅客登离船提供场所、设施和服务。港口子系统由港口水域和锚地的建设与运营、码头及配套设施设备的建设与运营、船舶引航、拖轮与交通艇服务等子系统组成。

③ 航道子系统。具有为船舶提供航行水域的功能，为船舶航行和作业提供符合要求的航行水域。航道子系统由航道建设与运营子系统等组成。

④ 支持保障子系统。具有船舶航行、停泊、作业保障的功能，为船舶提供导航、通信、救助等支持保障服务。支持保障系统由航标建设与维护、通信导航设施设备建设与运营、救助基地与应急设备库等子系统组成。

⑤ 船舶运营和管理子系统。具有船舶运营、海事管理等功能，为船舶运营提供商务、海务、机务、调度、船员调配等服务，实施水上交通安全监督管理等行政管理和执法。船舶运营和管理子系统由船舶运营、海事管理等子系统组成。

⑥ 船员子系统。具有船员教育和培训、船员健康体检、船员考试和发证、船员管理和服务等功能，为水路运输企业提供适任的船员。船员子系统由船员教育培训、船员健康体检、船员考试、船员发证、船员管理、船员服务等子系统组成。

水路运输系统受科技发展和社会需求变化的影响。在继承传统组织管理模式的同时，各个子系统也发生了显著的变化。水路运输系统运行更安全、更清洁、更高效、更便捷、更智能，与其他运输系统的结合更加紧密。多式联运、特种运输、专业化运输、邮轮运输等运输方式发展令人瞩目。船舶大型化、专业化、自动化和智能化的程度越来越高，在提高船舶操纵安全性的同时，可以降低船员劳动强度，减少船舶的配员，降低航运企业人力成本。国内外对船员权益日趋重视，船员工作环境、劳动强度和职业健康水平都得到显著改善。

交通基础设施建设水平的提升，设施设备维护技术和工艺的发展，促进了港口、航道、锚地等基础设施的建设和使用效率。深水码头、航道、专业化锚地、自动化港口装卸系统的建成和投入使用，促进了货物集散能力的提升。综合交通系统一体化，水陆联运、多式联运的发展，水路运输系统与其他交通运输系统紧密衔接等为港口附近城乡建设和发展起到了重要的促进作用。

1.2　水路运输系统故障类型及危害

1.2.1　水路运输系统故障类型及后果

水路运输系统故障指水路运输系统任何一个或若干个子系统出现的影响水路

运输活动正常开展的事件或状况。水路运输系统故障类型及后果可分为如下类型。

1. 故障类型

(1) 设施设备类故障

水路运输系统各子系统中设施设备发生的故障。

① 船舶及水上设施故障，包括主机/辅机故障、舵机故障、装卸货物机械故障、消防救生设备故障、防污染设备故障、船体结构故障、导航设备故障、其他机电设备和专用设备故障或达不到额定指标等。

② 航道及其设施故障，包括影响航道的工程施工，向航道倾倒沙石泥土和废弃物，航道淤积，岸壁崩塌，障碍物，航标设施、附属设备及辅助设施故障等。

③ 通信设施设备故障，包括通信基站故障、信号传输线路故障等。

④ 港口、码头设施设备故障，包括港口设施、码头靠离泊设施、码头安全设施、防污染设施和设备、安全标志和警示标志、装卸设施设备、港口运输工具等故障。

(2) 人因类故障

水路运输系统各子系统中各类人员操作失误、违章操作等。

(3) 自然类故障

大风、雾霾、洪水、枯水、淤积、急流、涌浪、赤潮、地震、雷暴等。

2. 故障后果

以上故障类型造成的后果主要包括水上交通事故、人员安全事故、环境污染事故、运输受阻碍、人员职业病伤害等。

① 水上交通事故。主要包括船舶碰撞事故，搁浅事故，触礁事故，触碰事故，浪损事故，火灾、爆炸事故，风灾事故，自沉事故，操作性污染事故，其他引起人员伤亡、直接经济损失或者水域环境污染的水上交通事故。

② 人员安全事故。主要涉及人员伤害的故障类型，包括物体打击、车辆伤害、机械伤害、起重伤害、触电、淹溺、灼烫、火灾、高处坠落、锅炉爆炸、容器爆炸、其他爆炸、中毒和窒息等。

③ 环境污染事故。主要包括水上交通事故，船舶、港口、码头、装卸站、船舶修造厂设施设备故障，人为失误，自然灾害或其他意外事件造成的油类、生活污水、压载水、沉积物、固体废弃物、垃圾、大气污染物、放射性物质、毒害物质、噪声等污染物排放造成的水污染事故、大气污染事故、噪声污染事故、固体废物污染事故、辐射性污染事故等。

④ 人员职业病伤害。主要包括水路运输活动造成的职业性尘肺病及其他呼吸系统疾病、职业性皮肤病、职业性眼病、职业性耳鼻喉口腔疾病、职业性化学中

毒、物理因素所致职业病、职业性放射性疾病、职业性传染病、职业性肿瘤、其他职业病。

1.2.2　水路运输系统故障危害

水路运输系统及其子系统的故障类型多样,造成的危害可以概括为人员伤害、财产损失和环境损害三个方面。

① 人员伤害。主要包括人员死亡、受伤等。

② 财产损失。主要包括船舶、港口、码头、航道等设施设备的损坏，以及货物损失。

③ 环境损害。主要包括船舶及其有关作业活动相关的海洋和内河环境污染损害。

对故障危害，一般按照危害程度进行分等(级、类)。2007 年 6 月 1 日起施行的《生产安全事故报告和调查处理条例》根据生产安全事故造成的人员伤亡或者直接经济损失，分为以下 4 个事故等级。

① 特别重大事故，指造成 30 人以上死亡，或者 100 人以上重伤(包括急性工业中毒，下同)，或者 1 亿元以上直接经济损失的事故。

② 重大事故，指造成 10 人以上 30 人以下死亡，或者 50 人以上 100 人以下重伤，或者 5000 万元以上 1 亿元以下直接经济损失的事故。

③ 较大事故，指造成 3 人以上 10 人以下死亡，或者 10 人以上 50 人以下重伤，或者 1000 万元以上 5000 万元以下直接经济损失的事故。

④ 一般事故，指造成 3 人以下死亡，或者 10 人以下重伤，或者 1000 万元以下直接经济损失的事故。

水路运输各级主管机关在以上规定的基础上，可在各自职责范围内对不同故障类型的事故等级划分制定补充规定。

1. 水上交通事故分级

交通运输部《水上交通事故统计办法》将水上交通事故分为特别重大事故、重大事故、较大事故、一般事故、小事故等 5 级。水上交通事故危害程度分级如表 1-1 所示。

表 1-1　水上交通事故危害程度分级

事故分级	伤亡情况	经济损失	水域污染
特别重大事故	30 人以上死亡(含失踪)，或者 100 人以上重伤	1 亿元以上直接经济损失的事故	船舶溢油 1000 吨以上致水域污染的
重大事故	10 人以上 30 人以下死亡(含失踪)，或者 50 人以上 100 人以下重伤	5000 万元以上 1 亿元以下直接经济损失的	船舶溢油 500 吨以上 1000 吨以下致水域污染的

续表

事故分级	伤亡情况	经济损失	水域污染
较大事故	3 人以上 10 人以下死亡(含失踪)，或者 10 人以上 50 人以下重伤	1000 万元以上 5000 万元以下直接经济损失	船舶溢油 100 吨以上 500 吨以下致水域污染的
一般事故	1 人以上 3 人以下死亡(含失踪)，或者 1 人以上 10 人以下重伤	100 万元以上 1000 万元以下直接经济损失	船舶溢油 1 吨以上 100 吨以下致水域污染的
小事故	—	—	—

2. 人员安全事故分级

人员安全事故伤害一般分为以下等级。

① 轻伤事故，指有人员轻伤的事故，即人员损失工作日大于 1 小于 105 的失能伤害。

② 重伤事故，指有人员重伤但无死亡的事故，即人员损失工作日大于 105 的失能伤害。

③ 死亡事故，指有人员死亡的事故，包括重大伤亡事故和特大伤亡事故。

④ 重大伤亡事故，指一次事故死亡 1～2 人的事故。

⑤ 特大伤亡事故，指一次事故死亡 3 人及以上的事故。

伤亡事故危害程度一般包括以下指标。

① 千人死亡率，指某时期内，平均每千名职工中因伤亡事故造成死亡的人数。

② 千人重伤率，指某时期内，平均每千名职工因伤亡事故造成的重伤人数。

③ 伤害频率，指某时期内，每百万工时，事故造成伤害的人数。伤害人数指轻伤、重伤、死亡人数之和。

④ 伤害严重率，指某时期内，每百万工时，事故造成的损失工作日数。

⑤ 伤害平均严重率，指每人次受伤害的平均损失工作日。损失工作日指被伤害者失能的工作时间。

⑥ 暂时性失能伤害，指伤害及中毒者暂时不能从事原岗位工作的伤害。

⑦ 永久性部分失能伤害，指伤害及中毒者肢体或某些器官部分功能不可逆的丧失的伤害。

⑧ 永久性全失能伤害，指除死亡外，一次事故中受伤者造成完全残废的伤害[2]。

此外，还可按照客运量、客运周转量、货运量、货物周转量、产品、产量等计算事故率、死亡率，衡量故障危害的严重程度。

3. 环境污染事故分级

环境污染事故危害主要包括环境质量下降、危及公众身体健康、财产安全，或造成生态环境破坏。一般分为特别重大突发环境事故、重大突发环境事故、较大突发环境事故和一般突发环境事故 4 个等级。

(1) 特别重大突发环境事故

凡符合以下情形之一的，为特别重大突发环境事故。

① 因环境污染直接导致 30 人以上死亡或 100 人以上中毒或重伤的。

② 因环境污染疏散，转移人员 5 万人以上的。

③ 因环境污染造成直接经济损失 1 亿元以上的。

④ 因环境污染造成区域生态功能丧失或该区域国家重点保护物种灭绝的。

⑤ 因环境污染造成设区的市级以上城市集中式饮用水水源地取水中断的。

⑥ Ⅰ、Ⅱ类放射源丢失、被盗、失控并造成大范围严重辐射污染后果的；放射性同位素和射线装置失控导致 3 人以上急性死亡的；放射性物质泄漏，造成大范围辐射污染后果的。

⑦ 造成重大跨国境影响的境内突发环境事故。

(2) 重大突发环境事故

凡符合以下情形之一的，为重大突发环境事故。

① 因环境污染直接导致 10 人以上 30 人以下死亡或 50 人以上 100 人以下中毒或重伤的。

② 因环境污染疏散、转移人员 1 万人以上 5 万人以下的。

③ 因环境污染造成直接经济损失 2000 万元以上 1 亿元以下的。

④ 因环境污染造成区域生态功能部分丧失或该区域国家重点保护野生动植物种群大批死亡的。

⑤ 因环境污染造成县级城市集中式饮用水水源地取水中断的。

⑥ Ⅰ、Ⅱ类放射源丢失、被盗的；放射性同位素和射线装置失控导致 3 人以下急性死亡或 10 人以上急性重度放射病、局部器官残疾的；放射性物质泄漏，造成较大范围辐射污染后果的。

⑦ 造成跨省级行政区域影响的突发环境事故。

(3) 较大突发环境事故

凡符合以下情形之一的，为较大突发环境事故。

① 因环境污染直接导致 3 人以上 10 人以下死亡或 10 人以上 50 人以下中毒或重伤的。

② 因环境污染疏散，转移人员 5000 人以上 1 万人以下的。

③ 因环境污染造成直接经济损失 500 万元以上 2000 万元以下的。

④ 因环境污染造成国家重点保护的动植物物种受到破坏的。

⑤ 因环境污染造成乡镇集中式饮用水水源地取水中断的。

⑥ Ⅲ类放射源丢失、被盗的；放射性同位素和射线装置失控导致 10 人以下

急性重度放射病、局部器官残疾的；放射性物质泄漏，造成小范围辐射污染后果的。

⑦ 造成跨社区的市级行政区域影响的突发环境事故。

(4) 一般突发环境事故

凡符合以下情形之一的，为一般突发环境事故。

① 因环境污染直接导致3人以下死亡或10人以下中毒或重伤的。

② 因环境污染疏散，转移人员5000人以下的。

③ 因环境污染造成直接经济损失500万元以下的。

④ 因环境污染造成跨县级行政区域纠纷，引起一般性群体影响的。

⑤ Ⅳ、Ⅴ类放射源丢失、被盗的；放射性同位素和射线装置失控导致人员受到超过年剂量限值的照射的；放射性物质泄漏，造成厂区内或设施内局部辐射污染后果的；铀矿冶、伴生矿超标排放，造成环境辐射污染后果的。

⑥ 对环境造成一定影响，尚未达到较大突发环境事件级别的。

上述分级标准有关数量的表述中，“以上”含本数，“以下”不含本数。

2017年修订的《防治船舶污染海洋环境管理条例》将船舶污染事故分为以下等级。

① 特别重大船舶污染事故，指船舶溢油1000吨以上，或者造成直接经济损失2亿元以上的船舶污染事故。

② 重大船舶污染事故，指船舶溢油500吨以上不足1000吨，或者造成直接经济损失1亿元以上不足2亿元的船舶污染事故。

③ 较大船舶污染事故，指船舶溢油100吨以上不足500吨，或者造成直接经济损失5000万元以上不足1亿元的船舶污染事故。

④ 一般船舶污染事故，指船舶溢油不足100吨，或者造成直接经济损失不足5000万元的船舶污染事故。

4. 人员职业伤害分级

《劳动能力鉴定职工工伤与职业病致残等级》(GB/T 16180—2014)依据职工器官损伤、功能障碍及其对医疗与日常生活护理的依赖程度，适当考虑由伤残引起的社会心理因素影响进行综合判定分级，将工伤、职业病致残等级分解为5个门类、10个等级。其中，符合标准一级至四级的为全部丧失劳动能力，五级至六级的为大部分丧失劳动能力，七级至十级的为部分丧失劳动能力。例如，一级定级原则为：器官缺失或功能完全丧失，其他器官不能代偿，存在特殊医疗依赖，完全、大部分或部分生活自理障碍。凡符合该定级原则或规定的具体伤残情况之一者均为工伤一级，规定的具体伤残情况包括极重度智能损伤、四肢瘫肌力≤3级、三肢瘫肌力≤2 级、重度非肢体瘫运动障碍、双肘关节以上缺失或功能完全丧失、双下肢膝以上缺失及一上肢肘上缺失、双眼无光感或仅有光感但光定位不准者、双肺或心肺联合移植术、小肠切除≥90%、肝切除后原位肝移植、胆道损伤原位肝移植、全胰切除、尘肺叁期伴肺功能重度损伤及(或)重度低氧血症、职业性肺癌伴肺功能重度损伤等。

以上故障危害程度分级标准略有不同，并根据水路交通系统运行和社会经济的发展进行动态调整，可以为水路交通安全、质量分析和评价提供依据和标准。

1.3　安全和质量管理体系在水路运输系统的作用

1.3.1　水路运输系统故障分析

水路运输系统由多个复杂子系统组成，涉及运输环节的各个方面，并且存在一定的故障风险。水路运输系统组成形式体现了系统工程理论中的人-机-环境思想。船舶、船员和通航环境(主要是航道、港口和定线制水域)子系统在水路运输系统中处于重要地位。

从船员子系统来看，一方面船舶大型化、专业化、自动化和智能化的发展，航运安全、环境保护和船舶管理要求的提高，对船员知识和技能提出了更高的要求。另一方面，由于社会经济的发展和人们生活水平的改善，水陆薪酬差距不明显、航运企业人文关怀不够、个体船员比例增加等因素使船员职业的吸引力不足，加之船员培训要求高、高素质船员数量不足，船员队伍结构与航运企业需求不相适应，与当前安全和环境保护要求存在差距。

从船舶子系统来看，船舶大型化、专业化、快速化、自动化、智能化等使得船舶结构、船舶机械、船舶电气等系统复杂程度增高；维护保养不善使船舶故障概率增加，单次事故造成的危害程度提高；货物运输种类、危险货物数量和品种增加，与货物有关的事故风险增大，水路运输面临的危害风险和应急处置要求提高。

从通航环境子系统来看，船舶运输水域复杂多样，既有远洋运输、沿海运输，也有包括江河、运河、库区、湖泊在内的内河运输，既有人工航道，也有天然航道。港口航道、锚地、码头水域等受环境因素影响大，通航环境情况多变，大风、雷暴、急流、大浪、大雾等恶劣水文、气象情况时有发生。除了这些受自然因素影响的通航环境外，通航环境还包括通航秩序等社会或管理因素。例如，航道、锚地与渔业作业区域紧邻甚至重叠，渔船穿越航道等，极易引发水上交通事故。

船员操作失误或违章操作，以及生理、心理等原因也会引发机械损坏、人员伤亡、货物损失、环境污染等水上安全事故。

1. 国际海上安全事故分析

根据《2019 年航运安全回顾》，2009～2018 年总计发生 1036 起船舶(100 总吨以上船舶)全损事故，其中 2018 年发生 46 起船舶全损事故，比 2000 年的 207 起大大降低。在这些船舶全损事故中，有 30 起是沉没/搁浅造成的；船舶故障事故发生 2698 起，主要是船舶机械故障事故。2009～2018 年船舶全损艘次年度变化趋势如图 1-1 所示。

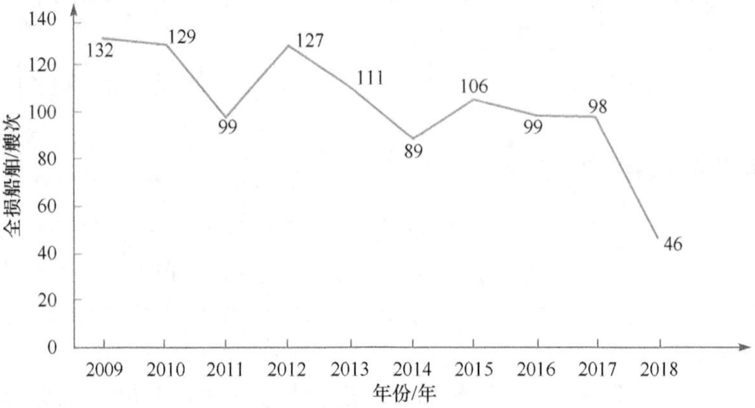

图 1-1　2009～2018 年船舶全损艘次年度变化趋势图

2009～2018 年船舶安全事故数量按照船舶类型排序前 3 位的情况如图 1-2 所示。

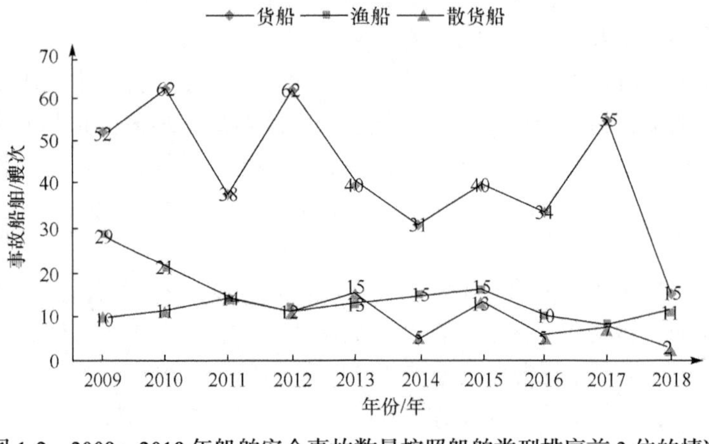

图 1-2　2009～2018 年船舶安全事故数量按照船舶类型排序前 3 位的情况

2009～2018 年排序前 4 位的船舶事故类型变化趋势如图 1-3 所示。

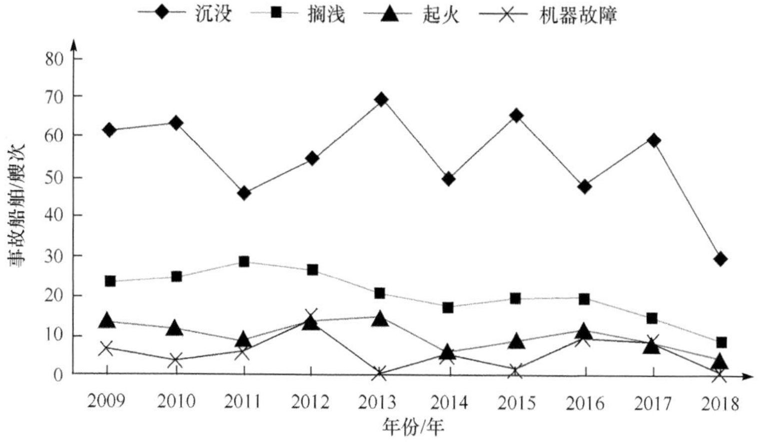

图 1-3 2009～2018 年排序前 4 位的船舶事故类型变化趋势图

从 2009～2018 年海损事故统计可见。

① 船舶沉没造成的船舶损失占全部船舶损失的一半以上(53%)，2018 年占比高达 65%。船舶沉没/碰撞事故是造成海事保险索赔最主要的因素。

② 船舶机械故障是造成海事保险索赔的主要因素之一。在统计的 26000 多起事故中，超过三分之一的事故由机械损坏或故障引起。船舶机械故障造成的损失也在增加，2013～2018 年造成超过 10 亿美元的损失，是索赔成本第三高的因素。

③ 集装箱运输能力几乎翻了一番，在运能提高的同时，也给船上消防安全带来挑战。船舶越大，火灾越难以被发现、定位和扑救。

④ 货物申报错误，包括标签和危险货物包装错误也是造成火灾的重要原因。危险货物运输规则得不到充分执行和遵守也是造成事故的原因之一。

⑤ 船舶大型化造成的单次事故损失程度增加。例如，大型集装箱船火灾造成的损失往往高达数亿美元，发动机故障、船上货物灭失等事故也会造成重大损失。

⑥ 人为因素依然是事故发生的重要因素。

2. 国内水路交通事故分析

虽然我国水路运输安全状况逐年好转，但是安全事故仍时有发生。

2018 年我国共发生一般等级及以上中国籍运输船舶水上交通事故 176 起，同比下降 10.2%；死亡失踪 237 人，同比上升 24.7%；沉船 83 艘，同比上升 3.8%；直接经济损失 2.9 亿元，同比上升 5.5%。

根据事故统计分析，故意违法违规行为的增多是造成 2018 年水上交通事故多发的主要原因。在 2018 年发生死亡失踪 1 人以上的事故中，涉及无有效船舶证书的事故造成死亡失踪 68 人，同比上升 119.4%；涉及船舶配员严重不足引发的事故死亡失踪 118 人，同比上升 122.6%；内河运输船舶非法从事海上运输造成的事故死亡失踪 65 人，同比上升 170.8%[3]。

从全球范围水上交通事故总体趋势看，事故数量、事故造成的人员伤亡数量、财产损失金额和环境损害程度总体上呈下降趋势，但重大、特大安全事故仍时有发生，单次事故造成的人员伤亡、财产损失和环境损害的程度仍然严重。

1.3.2 影响水路运输系统稳定性的主要因素

随着水路运输的发展，其安全性已有较大提升，但仍面临巨大的安全风险和环境保护压力。重大水上交通事故及其引发的重大环境污染、重大人员伤亡仍时有发生。从引发水上交通事故的因素来看，既有船舶故障、恶劣环境等因素，也有人员能力欠缺、操作不当、安全意识不强、管理疏忽等因素。在进行水上交通事故调查分析时，一般对事故原因进行如下分类。

(1) 直接原因和间接原因

① 直接原因指事故不经过中间事物才起作用的原因。

② 间接原因指事故经过中间事物才起作用的原因。

(2) 主要原因和次要原因

① 主要原因指事故发生的数个原因中最重要的原因。

② 次要原因指事故发生的数个原因中次重要的原因。

(3) 主观原因和客观原因

① 主观原因指人的自我意识方面的原因。

② 客观原因指人的意识之外，不依意识而存在的原因。

调查水上交通事故原因可以采用逻辑推理等方法，用系统安全的观点，对人-机-环境中各个因素进行分析[4]。在水上交通事故调查中，海事调查官更多地从人-船舶-环境三个因素进行分析。

① 船舶因素主要指船舶结构、强度、性能，以及船舶机器、设备等方面在事故发生中所起的作用。

② 环境因素主要包括天气、海况、水文、航道、通航秩序等。自然环境不可抗力属于环境因素。环境因素可能是引发事故的直接因素，也可能是事故发生的促成因素。

③ 人为因素是引发水上交通事故最复杂的因素。几乎所有水上交通事故发生都与人为因素有关。船舶因素和环境因素背后也可能是人为因素在起作用。人为因素包括以下几个方面。

第一，人员特别是船员的知识水平、航海技能、安全环保意识、责任意识、健康状况等。

第二，航运企业、船检机构、海事管理机构、航海保障机构、港口管理或运营机构等组织的管理。

第三，政策、法规、规范、标准等方面。

船员在水路运输安全方面起决定性作用，但人为因素并非仅指船员因素，还包括航运企业岸上管理人员、船检人员、海事管理人员、航海保障与技术服务人员、港航管理人员等与水路运输安全关系密切的其他人员。

影响水路运输系统稳定性的因素很多，人们为了降低水路运输安全风险，减小事故的发生概率和事故后果的严重程度，往往将注意力集中在船舶本身，从提高船舶结构、设施设备等硬件技术条件出发，采取提高技术标准措施来提高水路运输安全性。但水路交通事故及损失并未从根本上得到遏制，经过多年事故统计、分析研究，人们逐渐认识到，船舶机械故障、自然环境恶劣等因素并不是引发水路运输系统故障的主要因素。随着船舶系统可靠性的不断提高，由船舶技术因素造成的事故比例显著降低，而由人为因素造成的水上交通事故比例不断上升，约75%～96%的水上交通事故是由人为因素或组织因素造成的[5]。

国内外航运企业、研究机构和海事管理机构都对人为因素高度重视，1991 年 IMO 海上安全委员会第 59 次会议和海洋环境保护委员会第 31 次会议成立了人为因素工作组。工作组的主要任务集中在海上安全管理、疲劳、规范的安全评估、船员适任标准和海上事故调查等五个方面。IMO 于 2013 年将原有的培训值班标准分委会更名为人为因素、培训和值班分委会，在原有负责船员培训和值班议题的基础上，增加了人为因素有关的工作职责，加强了对人为因素议题的研究。

IMO 海上安全委员会和海洋环境保护委员会于 1997 年 6 月联合发布《人为因素统一术语》，将人为因素归纳为人的行为能力的降低、海上环境、安全管理、运营、脑力劳动。1997 年，IMO 将工作重点由制定并通过新的国际公约转向加强履约工作，提高履约质量，重视人为因素在保障海上安全和海上环境保护方面的作用。

国际船级社协会(International Association of Classification Societies，IACS)于 1994 年 7 月成立人为因素工作组，增加船舶检验、发证、规范制定等方面应用综合安全评估要求，并将人为因素分为技术、人员配备、培训、管理、环境等五个方面。

美国海岸警备队开展了通过人员预防(prevention through people，PTP)计划。PTP 计划的质量行动组在对大量水上交通事故进行分析后得出，80%以上的事故是由人为失误引起的。人为失误包括管理(立法和标准缺陷，交流不充分)、操作者状况(不注意、粗心、疲劳)、工作环境(设备设计不良，环境充满危险)、知识(一般知识不充分，船上操作知识不充分)、决策(判断错误、信息不足)五个方面。人为失误因素可归纳为管理、生理、知识、经验、信息、技能、其他。

IMO《船舶事故和调查规则》对人为因素的调查提出一般性指南，目的在于为系统调查船舶安全事故和事件中的人为因素提供实用性建议，允许采取有效的分析和预防行动。

针对人为因素对航运安全的重要影响，IMO 通过《国际船舶安全营运与防止污染管理规则》(简称 ISM 规则)的制定和实施，通过船员培训和发证值班标准国际公约(简称 STCW 公约)的修改完善，制定了防止船员疲劳的原则，规范海事事故调查等措施控制人为因素的影响。

STCW 公约修正案增加了驾驶台资源管理、机舱资源管理、领导力和团队工作技能的运用等要求，有望成为解决船员人为失误的重要途径。

此外，航运企业、研究机构、各种政府和非政府组织等都在积极开展人为因素研究，采取措施控制人为因素造成的不良影响，以减小水路运输系统故障率，提高水路运输的安全性。

1.3.3 水路运输系统安全和质量管理体系在控制人为因素方面的作用

管理体系是一种指挥和控制组织人员及其活动的系统化、标准化的管理模式或方法。管理体系具有过程控制、闭环管理、留痕追溯、持续改进等特点，其应用范围从最初的产品设计、生产、制造行业，逐步扩展到服务业和政府机构等各类组织。组织依据关注点的不同可以建立和实施不同类型的管理体系，可以是质量管理体系，这可以是安全管理体系或环境管理体系(environmental management system，EMS)，还可以是若干管理体系的综合，如安全和质量管理体系、环境和职业健康安全管理体系(occupational health and safety management systems，OHSMS)等。

通过研究和实践，人们逐步认识到可以通过加强和改善组织的管理对人为因素进行控制，建立规范、系统的管理体系是提高组织管理水平的重要手段。安全和质量管理体系在提高安全和质量管理水平、控制人为因素方面的作用主要体现在以下几个方面。

(1) 确定目标，统一认识

通过组织环境、优劣势分析等策划活动，确定组织安全、质量方针，统一组织内部对于安全、质量管理工作的认识，明确组织安全、质量方面的方针、目标和任务。

(2) 明确职责与权限，重视内外部沟通

通过顶层设计，确定包括最高管理层在内的安全、质量管理组织架构，明确部门和岗位的安全、质量管理职责与权限，对人员的职责与权限进行界定，使各岗位员工明确自己的职责与权限。同时，对涉及其他岗位、部门和相关方的重要工作事项，明确沟通责任人、沟通渠道和频次，防止因信息交流不通畅造成的工作失误。

(3) 规定工作标准，防止操作的随意性

识别影响安全和质量的重要工作或活动，规定其工作标准，使操作人员明确操作流程和注意事项，实施标准化操作，防止操作的随意性，提高操作的可靠性和稳定性。

(4) 强调自我监测，通过改进提高管理绩效

强调自我监测，及时发现工作缺陷，并对缺陷产生原因的分析、整改措施的制定和完成进行控制，保证缺陷真正得到消除，避免类似缺陷的再发生。通过对发现问题、纠正缺陷和优化工作程序等过程的不断实施，持续改进安全和质量管理绩效。

(5) 注重过程记录，提高事件的追溯性

明确工作过程的记录，保留活动痕迹或证据，为事后监督和寻找事故原因提供证据，为改进工作绩效提供参考。

水路运输系统汲取航空、核能和煤炭等行业在安全和质量管理方面的经验，从 20 世纪 70 年代逐步开始建立和实施质量管理体系。特别是随着 ISO 9000 系列质量管理体系的推广应用，关于过程管理的理念或方法逐步引入水路运输系统安全和质量管理体系的建设和实施中。这些管理体系的实施对提高水路运输相关组织的安全和质量管理水平，控制人为因素起到了积极的作用，在降低水路运输安全风险，消除事故隐患，避免人为因素造成的系统失效及由此产生的水上交通事故方面取得了良好的效果。

目前，我国水路运输系统的各子系统都建立了相关安全和质量管理体系。船舶建造或检验机构、航运企业、港口运营组织、船员教育和培训机构、海事管理机构、航海保障机构等都根据自己的职责或业务范围建立了相关的安全和质量管理体系，如表 1-2 所示。

表 1-2　水路运输子系统安全和质量管理体系

水路运输子系统	建立的安全和质量管理体系
船舶子系统	ISO 9000 系列安全和质量管理体系、船舶法定检验质量管理体系、安全生产标准化体系等
船员子系统	船员培训和船员管理质量管理体系、ISO 9000 质量管理体系、高职类院校教学诊改质量体系等
港口子系统	船舶引航安全管理体系、安全生产标准化体系、港口保安体系等
航道子系统	航标服务质量管理体系等
海事管理子系统	海事质量管理体系、航海保障质量管理体系等
船舶营运子系统	船舶安全营运和防污染管理体系、安全生产标准化体系、船舶保安体系等
…	…

以上安全和质量管理体系在体系标准、强制性要求等方面有所不同。有的管理体系必须经过主管机关或其认可的机构审核后颁发管理体系证书，如船员培训

质量管理体系、航运公司安全营运和防污染管理体系、港口保安体系等；有的管理体系是主管机关推荐体系标准并要求建立和实施的，如海事履约管理体系、航标服务质量管理体系、船舶法定检验质量管理体系、安全生产标准化体系、船舶引航安全管理体系、高职类院校教学诊改质量体系；有的管理体系是组织根据自身管理需求选择某个体系标准自愿建立和实施的，如 ISO 9000 系列质量、安全管理体系[6]。

作为一种管理手段，安全和质量管理体系尽管在水路运输系统中得到广泛应用，并在保障水路运输系统稳定性方面取得了一定的成效，但在实际应用中也有其局限性。例如，安全和质量管理体系对适用的工作性质有一定要求，主要适用于流程稳定、重复性强的工作或操作，对于需要操作人员创新思维、发挥创造力、创新工作方式，以及操作标准不稳定或不具有规律性的岗位或活动的管理则适用性不强。

参 考 文 献

[1] 嵇果煌. 轮船春秋(下)[J]. 交通与运输, 1996, (4): 37-38.
[2] 黑龙江省劳动保护科学技术研究所. GB 6441—1986, 企业职工伤亡事故分类[S]. 北京: 中国标准出版社, 1986.
[3] 交通运输部海事局. 2018 年水上交通安全形势分析[J]. 中国海事, 2019, 5:32-33.
[4] 中华人民共和国海事局. 水上交通事故调查概论[M]. 大连:大连海事大学出版社, 2004.
[5] 范诗琪, 严新平, 张金奋, 等. 水上交通事故中人为因素研究综述[J]. 交通信息与安全, 2017, 35(2): 1-8.
[6] 黄明, 甘志频, 陈颂. 水路运输系统相关管理体系探讨[J]. 大连海事大学学报(社会科学版), 2007, 6(6): 120-124.

第 2 章　质量管理体系原理和方法

2.1　质量管理体系及标准发展沿革

2.1.1　质量管理发展沿革

管理活动始于人类群体生活中的共同劳动，包罗万象，渗透在各个领域。质量管理经历了不同的发展时期。工业化雏形期的质量管理侧重于对最终产品的监测、测试，即品质控制(quality control，QC)时代，一般有专门的 QC 部门负责“把次品挑出来”，确保产品质量符合要求。随着工业化发展，企业分工细化，产品库存控制更严，生产计划更精准，即品质保证(quality assurance，QA)时代，一般有专门的质量保证部门负责“不生产次品”。工业化和全球化发展，导致产品设计、生产、营销、服务由不同组织完成，因此质量管理需要将不同的组织用系统方法进行质量管理(quality manage，QM)。在质量管理阶段，质量保证工作由职能部门完成，贯穿采购、生产、营销、物流、售后等整个流程。质量管理的核心是预防，要求组织将基于风险的思维贯穿始终。

系统管理需要建立管理体系来有效实现。质量管理体系是管理体系中关于质量的部分。质量管理体系包括组织确定其方针、目标，以及为获得期望的结果确定过程和所需资源的活动。

2.1.2　ISO 9000 质量管理体系标准发展沿革

国际标准化组织(International Organization for Standardization，ISO)是世界上最主要的非政府间国际标准化机构。其宗旨是在世界范围内促进标准化及相关工作的开展，方便国际贸易的交流和服务，推动知识、科学、技术和经济活动中的合作，促进产品和服务贸易的全球化。

ISO 9000 系列标准是 ISO/TC 176(国际标准化组织质量管理和质量保证技术委员会)制定的所有国际标准。ISO 9000 系列标准自 1987 年推出以来，已成为目前应用最广泛、最成功的标准，为各类组织建立了一个质量管理的通用框架和语言，是质量管理体系通用的要求和指南，也为组织赢得顾客对其生产合格产品的基本信任明确了途径，为全球经济合作效率提升起到了推动作用。

随着国际贸易发展的需要和标准实施中出现的问题，特别是服务业在世界经济活动中所占的比例越来越大，ISO/TC 176 分别于 1994 年、2000 年、2008 年、2015 年对 ISO 9001 质量管理标准进行修订，中国采用了 ISO9001《质量管理体系 要求》(英文版)。

GB/T 19001—2016 标准较之前各版标准有如下主要变化[1]。

① 采用管理体系标准新通用框架。统一高层结构可以保持今后编制或修订管理体系标准的持续性、整合性和简单化，使标准更易读懂；整合其他标准文件中的不同主题和要求，统一部分定义和表达。

② 采用基于风险的思维。把关注风险并采取相应措施来消除风险、降低风险或者减缓风险的思想贯穿在整个标准，识别并控制有显著影响的风险，发现可能的机遇。

③ 更少的规定性要求。删除针对质量手册、管理者代表的具体要求，给予组织更多灵活性。对于管理体系实施和绩效报告、确定组织职责和权限是否需专人实施，由组织自行确定。

④ 对成文信息的要求更加灵活，用成文信息替代文件化的程序和记录。随着信息化发展，不同组织采用信息技术管理系统，对成文信息及其保存要求也有相应变化。

⑤ 提高服务行业的适用性。用产品和服务替代产品，现行标准每当提到产品的时候，实际上也隐含了服务。特别是，针对监视、测量，人们立刻会想到有形产品，往往忽略还有无形的服务。虽然产品和服务是两个定义，但在多数场合下，产品和服务是一起使用的。

⑥ 更加强调组织环境。组织在设计质量管理体系时，要考虑自身面临的内、外部因素，以及这些因素是否对组织实现目标有帮助。外部因素通常包括社会因素、经济因素、政治因素、气候因素等。内部因素一般包括管理结构、决策结构、所有权结构等。

⑦ 增强对领导作用的要求。高级管理层的领导作用对于体系有效性是非常重要的。各层领导建立统一的宗旨和方向，并且创造全员参与的条件，以实现组织的质量目标。领导作用中最高管理者的作用更加具体，对最高管理者应起的作用提出了更明确具体的要求。

⑧ 更加注重实现预期的过程结果以增加顾客满意度。顾客对组织的评价主要看组织的产品和服务是不是持续一致合格，也可以理解为输出是标准中要求的“预期结果”，而不是评价组织的管理体系多么完善，或者组织的设施设备有多少进行了校准。质量管理体系中最高管理者的承诺、经校准的设备、有能力的人员、监视与测量、内部审核、管理评审等几个重要因素互动，提供稳定满足要求的产品和服务，增加顾客满意度。

⑨ 质量管理原则的变化。由八大管理原则变为七项质量管理原则。

⑩ 新增“组织的知识”的要求。新增对组织知识的要求是为了避免组织由员工更替、未能记载和共享信息导致的组织丧失其知识，或鼓励组织通过总结经验、专家指导、标杆对比等方式获取知识。

2.2　ISO 9000 质量管理体系标准概述

2.2.1　标准组成

ISO/TC 176 制定的其他质量管理和质量管理体系国际标准，为组织选择追求、超越其要求的目标提供指南。其中的 ISO 9000 族标准有核心标准、行业特定要求质量管理体系标准，以及其他提供组织实施或寻求改进其质量管理体系、过程或相关活动的标准。GB/T 19000 族(等同采用 ISO 9000 族)的核心标准有三个。

① GB/T 19000/ISO 9000《质量管理体系　基础和术语》。

② GB/T 19001/ISO 9001《质量管理体系　要求》。

③ GB/T 19004/ISO 9004《追求组织的持续成功　质量管理方法》。

行业特定要求的质量管理体系标准包括 GB/T 45001/ISO 45001《职业健康安全管理体系要求及使用指南》、GB/T 22080/ISO/IEC 27001《信息技术安全技术信息安全管理体系要求》等。

其他提供组织实施或寻求改进的标准，如 GB/T 19010/ISO 1001《质量管理　顾客满意　组织行为规范指南》等标准。

2.2.2　质量管理七项原则

(1) 以顾客为关注焦点

质量管理的首要关注点是满足顾客要求，并且努力超越顾客期望。

组织只有赢得和保持顾客及相关方的信任才能获得持续成功。与顾客相互作用的每个方面都提供为顾客创造更多价值的机会。理解顾客和相关方当前与未来的需求，有助于组织的持续成功。

(2) 领导作用

各级领导建立统一的宗旨和方向，创造全员积极参与的条件来实现组织的质量目标。

统一宗旨和方向的建立，以及全员积极参与能够使组织保持战略、方针、过程和资源的一致性，以实现其目标。

(3) 全员积极参与

整个组织内各级人员胜任，经授权并积极参与是提高组织创造和提供价值能力的必要条件。

为了有效且高效地管理组织，各级人员得到尊重并参与其中是极其重要的。通过表彰、授权和提高能力，可以促进全员积极参与组织质量目标的实现过程。

(4) 过程方法

质量管理体系由相互关联的过程组成。当活动被作为相互关联功能连贯的过程进行系统管理时，可以更加有效和高效地得到一致的、可预期的结果，使组织尽可能地完善其管理体系并优化其绩效。

(5) 改进

成功的组织总是关注持续改进。改进对于组织保持当前的绩效水平，对其内、外部条件的变化做出反应并创造新的机会都是非常必要的。

(6) 循证决策

基于数据和信息的分析和评价的决策，更有可能产生期望的结果。

决策是一个复杂的过程，并且总是包含某些不确定性。它经常涉及多种类型和来源的输入及理解。这些理解可能是主观的，但重要的是理解因果关系和潜在的非预期后果。对事实、证据和数据的分析可使决策更加客观、可信。

(7) 关系管理

为了持续成功，组织需要管理与相关方(如供方)的关系。

对供方及合作伙伴网络的关系管理是尤为重要的。相关方影响组织绩效。当组织管理相关方的关系，尽可能有效地发挥其在组织绩效方面的作用时，持续成功更有可能实现[2]。

2.3　ISO 9000 质量管理体系术语和定义

2.3.1　术语简介

GB/T 19000/ISO 9000《质量管理体系基础和术语》共 13 类 138 个术语，其中有关人员的术语有 6 个，有关组织的术语有 9 个，有关活动的术语有 13 个，有关过程的术语有 8 个，有关体系的术语有 12 个，有关要求的术语有 15 个，有关结果的术语有 11 个，有关数据、信息和文件的术语有 15 个，有关顾客的术语有 6 个，有关特性的术语有 7 个，有关确定的术语有 9 个，有关措施的术语有 10 个，有关审核的术语有 17 个。GB/T 19001—2008 和 GB/T 19001—2016 主要术语的差异如表 2-1 所示。

表 2-1　GB/T 19001—2008 和 GB/T 19001—2016 主要术语的差异

GB/T 19001—2008	GB/T 19001—2016
产品	产品和服务
删减	未使用
管理者代表	未使用(赋予类似的职责和权限，但不要求委任一名管理者代表)
文件、质量手册、程序文件、记录	成文信息
工作环境	过程运行环境
监视和测量设备	监视和测量资源
采购产品	外部提供的产品和服务
供方	外部供方

2.3.2　术语和定义

术语和定义是理解和应用管理体系标准的基础。下面介绍常用的术语和定义。

(1) 最高管理者(top management)

最高管理者通过确保实现策划的结果来证实其履行了责任。此外，最高管理者还应通过持续的绩效监视/度量及定期管理评审来确保质量管理体系的适宜性和有效性；确保质量方针和目标的建立、更新与组织环境、战略方向保持一致；确保质量管理体系过程和其他职能过程接口在组织中无缝对接；确保部门之间建设性的合作，协同进行风险评估和风险处置；确保质量管理体系资源充足；有效开展质量管理体系的价值和效益方面的沟通；确保纠正措施责任落实；确保内部审核、第三方审核、管理评审等提出的关于改进的信息和建议在组织内能够有效沟通。

(2) 组织环境(context of the organization)

组织环境指所有潜在影响组织运行和组织绩效的因素，包括可能影响组织提供产品和服务、获得投资，以及与相关方沟通途径的内外部因素与条件。组织环境可以理解为一个过程，它确定了影响组织的宗旨、目标和可持续性的各种因素。组织的目标可能涉及产品和服务、投资和对其相关方的行为。组织环境的概念，适用于营利性组织、非营利性或公共服务组织。组织的环境还可用商业环境或组织生态系统表述。

(3) 相关方(interested party)

相关方也称利益相关方，是相对于组织而言有相互影响的一方，主要指若其需求和期望未能满足将对组织的持续发展产生重大风险。典型的利益相关方包括顾客、组织所有者、组织内部人员、供方、银行、合作伙伴或协会，也包括竞争者或持反对意见的组织或个人。

(4) 改进(improvement)、持续改进(continual improvement)

改进是提高绩效的活动，目的在于实现预期结果，提高顾客满意度。组织应识别和选择存在的改进机会，改进产品和服务，纠正、避免和减少非预期情况给组织带来的不利影响，改进质量管理体系的绩效和有效性，满足顾客要求、提供顾客满意度。

持续改进包括加强过程输出与产品和服务的一致性,以提升合格输出的水平、减少过程的变差，改进质量管理体系的适宜性、充分性和有效性，提高组织的绩效并为顾客和相关方带来好处。

(5) 质量方针(quality policy)

质量方针可以清晰表述质量方面的意图和方向，是制定质量目标的原则和基础。质量方针应作为成文信息以正式的形式表述、发布、管理和维护，通过有效的渠道和方式与组织内各级员工进行沟通，使员工理解质量方针并应用于工作。

(6) 质量(quality)

质量是特定客体内固有特性与要求相比所达到的满足程度。质量不仅指产品的质量，也指服务、过程或体系质量。质量要求可以是明示的,也可以是隐含的或必须履行的需求和期望。

顾客和相关方对产品、服务、体系、过程的质量要求是动态发展的。产品和服务的质量不但包括预期的功能和性能，而且涉及顾客对其价值和利益的感知。组织的产品和服务质量取决于满足顾客的能力及其对相关方的影响。

在进行质量比较时，应注意在同一“等级”的基础上进行。等级高并不意味着质量一定好。人为赋予的特性不属于质量关注的范畴，如价格、所有者。

(7) 要求(requirement)

要求是需求和期望的表现形式。隐含的要求指依据习俗或管理，对于组织和利益相关方而言，这些需求或期望都是不言而喻的。明示的要求通常以规定要求表示，亦指明确提出的要求，如协议、合同等文件信息提出的要求。必须履行的要求一般指法律、法规的要求。要求可来自不同的利益相关方。质量要求是在质量方面明示的、隐含的、必须履行的要求，如产品质量要求、服务质量要求。

(8) 创新(innovation)

创新是产生新的客体或原客体有较大幅度的变化、变更。创新是一项重大变革，会对质量产生重要影响。创新表现为利用现有知识和物质，在特定环境中，本着理想化需要或为满足社会需求，改进或创造新事物、方法、元素、路径、环境，并能获得一定有益效果的行为。创新也可以表现为对原有价值的重新分配，以新的价值模式展现新的局面。

(9) 质量目标(quality objective)

设立质量目标时，可考虑组织能力、制约、顾客反馈，以及市场占有率等其他市场事宜，在相关职能层次、过程建立与方针、战略、愿景一致的质量目标或绩效指标，通过横向(同级部门)、纵向(最高管理层、中层、基层)基于各自的职责和职能设立或分解质量目标。此外，设立质量目标时还应充分考虑与组织绩效管理的衔接，确保战略方向和质量方针的实施。

(10) 输出(output)、产品(product)、服务(service)

过程的结果是输出。输出一般分为服务、软件、硬件、加工材料四类。最终输出的是产品还是服务，取决于其主要特性。产品和服务同属输出，同为过程的结果。大部分输出往往同时包含产品和服务。一般情况下，有形的产品和无形的服务如影随形。

(11) 风险(risk)

风险是不确定性的影响。影响指偏离预期，可以是正面的或负面的。风险通常以事件(包括环境的变化)后果和发生可能性组合来表达。质量风险通常涉及组织价值实现和机会控制中的质量经营风险、产品实现风险、管理风险，以及产品和服务的责任风险等。

GB/T 19001—2016 新增“基于风险的思维”，将预防措施贯穿于整个标准。质量管理体系的主要用途之一是作为预防工具，因此新标准并未就预防措施安排单独章节。

(12) 文件(document)

文件是信息及其载体，包括记录、规范、程序文件、图样、报告、标准等。文件的载体及承载信息的媒介，可以是纸张，磁性的、电子的、光学的计算机盘片，照片、标准样品，或看它们的组合。文件的要求与文件类型有关，如对操作层面的文件有易读的要求，对技术管理的文件有专业性的要求，对规范性文件有修订受控的要求。

(13) 成文信息(documented information)

成文信息是组织需控制和保持的信息及其载体。只有在用于沟通信息、提供所策划的活动完成的证据或经验分享时才有可能需要成文信息，不能以认证为目的或为接受外部检查而将质量管理体系过度文件化。成文信息不是越多越好，应该与组织的规模、活动类型、过程、产品和服务、过程及其相互作用的复杂程度、人员的能力相适应。成文信息通常包括组织内部产生的文件和源自外部的文件。内部文件包括组织的管理标准、规章制度、技术标准，以及执行内部文件产生的各类记录和档案等。外部文件包括适用的国际公约、规范、标准、法律、法规和技术规范等。一些来自顾客的信息也需要识别并像其他形成文件的信息一样得到控制，如图纸、施工方案等。

组织需要控制和保持的信息及其载体包括质量管理体系的相关过程，为用于组织运行而创建的信息和形成的文件，以及实现结果的证据(记录)。

(14) 顾客满意(customer satisfaction)

顾客对其需求和期望获得满足程度的感受应由组织采取适当方法监视。组织应决定需要从哪些顾客获取顾客满意反馈，以及如何监视这些数据。获取反馈可以持续进行，也可以根据组织确定的频率进行。

组织应能在对结果进行分析和评价后确定顾客满意度，并根据这些信息采取必要的措施。顾客满意的相关信息应作为管理评审的输入，经管理评审后确定是否有必要采取措施提高顾客满意度。

(15) 人为因素(human factor)

人为因素包括人与机器的关系、人与程序的关系、人与环境的关系、人与人的关系。人为因素可能产生正面影响，也可能会产生负面影响。在质量管理体系范畴内，需要考虑人与其他要素之间的关系和特征。任何活动只要有人参与，就不可避免地存在出现人为差错的可能性。在管理体系运行过程中，可以通过对不安全事件、硬件设施和运行环境进行剖析，深入研究其与人的心理、生理及行为之间的相互关系，探求避免人为差错的方法。

(16) 纠正措施(corrective action)、纠正(correction)

纠正措施是为消除不合格，防止其再次发生所采取的措施。纠正是为消除已发现的不合格采取的措施。当出现不合格或遭到投诉时，组织应采取措施调查并尽可能纠正错误，避免将来发生类似的问题。处理不合格，采取纠正和纠正措施是改进的重要活动和手段，其目的是控制、纠正不合格，消除不合格的危害和影响。

(17) 审核(audit)

审核是为获得客观证据并对其进行客观评价，以确定满足审核准则的程度所进行的系统的、独立的、形成文件的过程。系统的指通过获取审核证据、进行客观评价、得出审核结论等一系列过程，确定、分析、评价被测定的客体与规定要求的符合性。这些过程之间有紧密的、形成系统的逻辑关系。独立的指对审核证据收集、分析和评价是客观的、公正的，应避免任何外来因素、审核员自身因素的影响。形成文件指审核要有适当文件的支持，过程要形成必要文件。例如，审核策划阶段应形成审核计划、审核实施阶段应做好必要的记录、审核结束阶段应编制形成审核报告等[2]。

2.4　ISO 9000 质量管理体系要求

2.4.1　ISO 9001:2015 文件结构

ISO 9001:2008 和 ISO 9001:2015 之间的文件结构差异如表 2-2 所示[1]。

表 2-2　ISO 9001:2008 和 ISO 9001:2015 之间的文件结构差异

ISO 9001:2008 文件结构	ISO 9001:2015 文件结构
0.1 总则	0.1 总则
0.2 过程方法	0.2 质量管理原则
0.3 与 GB/T 19004 关系	0.3 过程方法
0.4 与其他管理体系标准的兼容性	0.4 与其他管理体系标准的兼容性
1 范围	1 范围
2 规范性引用文件	2 规范性引用文件
3 术语和定义	3 术语和定义
4 质量管理体系	4 组织的环境
5 管理职责	5 领导作用
6 资源管理	6 策划
7 产品实现	7 支持
8 测量、分析和改进	8 运行
	9 绩效评价
	10 改进
附录 A (资料性附录) GB/T 19001—2008 与 GB/T 24001—2004 之间的对照	附录 A(资料性附录)新结构、术语和概念说明
附录 B (资料性附录) GB/T 19001—2000 与 GB/T 19001—2008 之间的变化	附录 B(资料性附录)SAC/TC151 制定的其他质量管理和质量管理体系标准
参考文献	参考文献

2.4.2　基于风险的思维方式

基于风险的思维是实现质量管理体系有效性的基础。质量管理体系的主要用途之一是作为预防工具。预防措施的概念可以通过基于风险的思维来表达。基于风险的思维要求更多的以基于绩效的要求来替代。在 ISO 9001:2015 标准中，基于风险的思维体现在 4～10 章相关条款的要求中。

质量管理体系的各个过程在组织实现其目标方面的风险水平并不是一致的。对于一些组织而言，交付不合格的产品和服务的后果可能只是造成顾客轻微的不便，但是对于另一些组织而言，交付不合格的产品和服务的影响可能是深远、致命的，甚至是无可挽回的。因此，基于风险的思维意味着在建立质量管理体系时，定性、定量(根据组织环境)考虑风险。ISO 31000:2018 明确了风险管理的目的是创造和保护价值，提供了一个通用的处理具体风险的方法。

2.4.3 对《质量管理体系 要求》的理解

《质量管理体系 要求》(GB/T 19001—2016)是对产品要求的补充。质量管理体系标准要求与产品标准要求是两类不同的要求。质量管理体系要求是通用的，适用于所有组织，无论其提供何种类型的产品和服务。产品要求是针对产品特性的描述，服务要求是针对服务特性的表述，都是具体产品和服务特有的，不具有通用性。对标准正文部分的条款理解如下。

(1) 组织环境

组织环境是 GB/T 19001—2016 的一个新概念，指对组织建立和实现目标的方法有影响的内部因素和外部因素的组合。组织环境可分为组织的外部环境和内部环境。组织的外部环境主要是政治环境、经济环境、自然环境和技术环境。组织的内部环境一般包括组织使命、组织资源和组织文化。内外部因素(包括正面和负面)可能会影响质量管理体系达成期望结果的能力。组织应意识到这些内外部因素是不断变化的，应定期进行监控和评审。

(2) 领导作用

最高管理者发挥的领导作用可通过确保实现策划的结果来证实其履行了责任。最高管理者为其他管理角色在其职责范围内发挥领导作用给予充分必要的授权，提供充分必要的资源。最高管理者需明晰其他管理角色在其职责范围内的质量责任，为理解和处理顾客强制性要求和顾客反馈提供支持和指导。最高管理者要规定过程及组织架构图，分配各职能负责人，以及各职能、权限之间的关系，确保各岗位人员职责和能力保持一致，各岗位人员了解需要完成的事情(职责)，以及可以做的事情(权限)，并通过绩效评估确保员工为实现预期绩效水平履行职责。

最高管理者必须将质量方针与组织战略方向保持一致，应充分考虑影响组织运营的内外部环境，考虑顾客、法律、法规、相关方的要求和期望，针对组织的过程、产品和服务的性质和特点，在识别风险和机遇的基础上，建立质量方针。质量方针应针对组织的产品和服务，准确表述组织在质量方面的意图和方向，并成为制定质量目标的原则和基准。质量方针应作为成文信息以正式的形式表述、发布、管理和维护，并通过培训和教育等活动与组织内的员工沟通，保证质量方针得到普遍一致的理解，确保相关员工在其工作中主动运用质量方针。

(3) 策划

在策划质量管理体系时，组织要了解对实现组织目标和预期结果的因素，其中包括对相关风险和机遇的识别。在识别风险和机遇时，可关注提升正面效果、创造新机会，运用基于风险的思维预防或降低不良效应，采用适合自身的工具或方式来识别风险和机遇，策划控制风险及利用机遇的措施，经过确认的措施计划需要纳入质量管理体系过程和组织业务过程，对措施实施的效果进行评价。

组织要在过程或各职能级别中设立合适的质量目标，确保战略方向和质量方针实施。质量目标应和质量方针保持一致。质量目标设立时可考虑目前的能力、制约、顾客反馈，以及其他市场事宜，使适用的要求与产品符合性及提升顾客满意度相关。对质量目标完成情况进行监控并(或)评审，质量目标应进行必要的更新。可考虑使用 SMART 原则设立质量目标，即质量目标是具体的、可测量的、可达到的、相关的、有时限的。

在策划质量管理体系必要变更时，应提前预防变更可能造成的不良影响，确保在可控条件下进行。变更时机一般包括质量管理体系建立和实施的初级阶段；组织机构发生重大调整、组织的产品和服务工艺发生重大变化；新法律、法规、标准、规范的要求等；不同质量管理体系整合或一体化运行。

策划变更方案包括采用论证、模拟实验等方法确定变更可行性，对变更实施风险测评，变更方案经审批后实施。变更实施过程中需要监控风险控制的有效性，对变更的有效性要进行评价。

(4) 支持

组织所需的资源包括现有的基础设施设备、人员及其能力、信息系统等，也包括从外部可以获得的资源。人员的相关经验、现有工作量和资格需要与岗位适任要求匹配。技术敏感工作外包要充分考虑管控要求，明确不能外包的岗位和业务。基础设施和运行环境依据组织提供的产品和服务类型而变化，有时可以是顾客需求，法律、法规要求，以及组织自身需求。监视和测量所需的资源在某些情况下仅需简单的检查或监视，有时需要按要求检定/校准，包括使用可溯源到国家或国际测量标准。服务行业监视和测量使用的问卷调查表要围绕目标适时优化。

知识管理是 GB/T 19001—2016 提出的新要求，包括知识获取、知识分享、知识创新和知识应用四个环节。

组织应从教育、培训或技能、经历、资格等方面确定岗位人员能力。组织应适时地评价在岗人员是否持续满足其能力要求并提出培训要求。有法律、法规要求或内部特殊要求的岗位，其人员必须持有效资格证书，并按照证书规定的范围开展相关工作。如果组织需要使用外部人员，则需要采取相应的控制措施来确保人员能力。组织应确保在其控制范围内开展工作的人员知晓质量方针、相关的质量目标、对质量管理体系有效性的贡献，通过培训让员工充分意识到满足顾客要求和法律、法规要求的重要性，以及不满足这些要求可能产生的不良后果。

沟通是质量管理体系有效运行的一个重要因素。沟通对象包括顾客、供应商、外部相关服务提供方等，也包括内部多形式的沟通。外部沟通方式一般比较正式，如合同。内部沟通可采用非正式的方式，如内网通知、邮件、电话等。内部沟通有时也需要比较正式的方式，如可行性研究报告。新标准在质量管理体系文件化方面赋予了组织更多灵活性，只有在用于沟通信息、提供策划活动完成的证据、经验分享时才有可能需要成文信息。成文信息要与组织规模、活动类型、过程、产品、服务、过程及其相互作用的复杂程度、人员的能力相适应。典型文件一般包括质量方针、质量目标、跨部门的流程性管理文件、操作规程、工作指导书等操作性文档等。

策划和编制质量管理体系文件需要考虑与现有的规章制度、操作规程等做好衔接，保持一致，要考虑文件的充分性、符合性、可操作性、可考核性、非正常情况下的应变措施等。此外，还要考虑在实施过程中，文件修改的及时性和沟通的有效性。

成文信息控制包括对其编制、批准、发放、使用、更改、再次批准、标识、回收和作废等全过程进行管理。记录和档案也是成文信息。记录提供的信息可能作为采取纠正措施的证据，因此应对记录的标识、存储、保护、检索、保存期限和处置进行规范控制，确保记录的真实性、可追溯性、规范性。记录是档案的重要组成部分，应符合档案管理的规定。

(5) 运行

满足产品和服务提供要求所需的运行过程是标准的核心部分，主要包含运行策划和控制、产品和服务要求、产品和服务设计与开发、外部提供的过程、产品和服务控制、生产和服务提供、产品和服务放行、不合格输出控制等。

不同组织的产品、服务类型和复杂程度不同，运行过程也各不相同，组织应根据自身运行过程识别需要控制的过程。在对运行过程进行策划时，还应充分考虑变更控制、外包过程控制等。每个过程的输入、输出和资源都应明确。在建立过程运行，以及产品和服务验收准则时应考虑风险和机遇、质量目标、产品和服务的要求等。

组织和顾客的关系主要通过产品或服务联系，与顾客沟通可围绕产品和服务进行，包括提供产品和服务细节、获取顾客反馈信息、顾客财产控制和处理、应急措施等。

设计和开发过程由几个阶段组成，每个阶段都要进行控制。对外包过程和外部提供的服务也要进行控制，建立对外部供方绩效监视准则并实施监视，关注外部供方对组织提供产品和服务的绩效，如供货质量、及时交货率、违约率等，对可能发生的问题有应对措施，且双方就要求内容达成一致。

(6) 绩效评价

绩效评价主要包含监视、测量、分析和评价、内部审核、管理评审。为确定达到预期的结果，组织要结合自身性质、特点和需求，监视、测量、分析、评价的对象、方法和时机，根据顾客类型考虑不同的信息获取方法和频次，对这些信息进行分析和评价后确定顾客满意，并根据信息分析结果采取必要的措施。

内部审核是为了从公正的角度获取有关质量管理体系绩效和有效性的信息。

审核员的安排应确保审核过程的客观性和公正性。审核准则可以是具体的标准或要求。审核范围可以是具体部门、过程、设施、产品线。对于实施多个类似要求的管理体系标准的组织而言，可以结合审核来减少重复和冗余的工作。审核结果应及时汇报给相关管理层，并根据审核结果提出适当的纠正、纠正措施，明确纠正和纠正措施实施期限，及时解决不合格。对于审核中观察到的一些虽然没有不合格，但可能存在质量管理体系潜在不足的情况，也应写入审核报告，为管理层提供完整信息，作为采取后续措施的依据。

管理评审是最高管理层根据组织的战略方向开展的活动，确定质量管理体系的适宜性、充分性、有效性，既可以独立进行，也可以与相关活动一起开展。管理评审输入应包括以往管理评审所采取措施的实施情况、内外部环境变化、顾客满意和相关方反馈、质量目标实现程度、过程绩效与产品和服务的符合性、不合格和纠正措施、监视和测量结果、内部审核结果、外部供方的绩效、资源充分性、针对风险和机遇采取的措施的有效性、改进机遇等。组织可选择在管理评审中评审新的产品和服务的推广等项目，以便确定组织是否实现预期结果。管理评审的输出应包括有关识别改进机遇的决策和措施，确定质量管理体系需要的变更，以及是否需要其他资源。

(7) 改进

改进的目的是让组织策划和实施行动达成预期的结果，提高顾客满意度。改进方法包括创新、改进现有过程或实施新过程，实现产品和服务满足要求并关注未来需求和期望；系统评审产品和服务过程，识别改进机会，并有效实施适合的改进措施，纠正、避免和减少非预期情况给组织带来的不利影响；在现有过程中开展渐进、持续改进活动，改进质量管理体系绩效和有效性。

出现不合格时应调查分析，提出纠正措施避免此类问题再发生。不合格及潜在不合格一般源自但不限于内外部审核发现、监视和测量结果、内外部投诉、不合格产品、不符合法律或法规要求、外部供方问题、满意度问卷结果、保修索赔等。持续改进可包括加强过程输出与产品和服务的一致性，以提升合格输出水平，减小过程差异。组织应考虑分析和评价过程，管理评审结果，确定是否需要实施持续改进的措施，可以采用适宜的方法和工具开展持续改进活动。作为持续改进活动的结果，组织应看到产品、服务、过程的改进和质量管理体系绩效与有效性的改进。

2.5　质量管理常用方法和工具

2.5.1　过程管理

过程是利用输入实现预期结果的相互关联或相互作用的一组活动。过程管理一般指使用方法、技术和工具来策划、控制和改进过程的效果、效率和适应性，以实现增值。过程管理包括过程策划(plan)、过程实施(do)、过程监测/检查(check)和过程改进/处置(act)四部分，即 PDCA 循环(又称戴明循环)。

过程管理采用过程方法。过程方法旨在提高组织实现既定目标方面的有效性和效率，确保实现预期结果，避免出现非预期结果。过程方法包括组织按照战略确定的目标为获得期望的结果确定所要求的过程和资源，以及为实现组织价值、顾客需求及相关方的需求和期望的预期结果所需的相互作用的过程和资源，能够使最高管理者通过考虑其决策的长期和短期影响来优化资源的利用。过程方法对设计成职能部门层级结构的垂直过程间相互作用和组织的职能层次间的接口进行管理和控制，从横向视角把组织看作一个由产品研发、采购、生产、销售、计划管理、质量管理、成本管理、客户管理和人力资源管理等业务过程按一定方式组成的过程网络系统。

过程管理通过系统收集数据、分析数据，得到有关过程业绩的信息，确定纠正措施或改进的需求。过程管理的是过程而不是流程。过程一般是抓大放小，强调对全程的把握和对关键点的控制，确保实现预期结果。流程一般事无巨细，对每一个环节都进行程序化的管理。

开展过程管理之前必须明确定义预期结果，规定所有过程都增值。组织的过程与其目标、规模和复杂程度一致。不同组织的过程管理在不同时期、不同环境下的预期目标和结果是不尽相同的，需要在评价数据和信息的基础上改进。例如，制造业的过程管理预期目标一般是提高产品和服务质量、降低制造成本、提高制造效率、缩短交货周期等。

ISO 9001 质量管理体系标准采用将 PDCA 循环和基于风险的思维方式相结合的过程方法，通过协调一致的过程体系，有效利用机遇并防止发生不良结果，得到合格的产品和服务。PDCA 循环可使组织确保对其过程进行恰当管理，提供充足资源，确定改进机会并采取行动，持续满足顾客需求，解决相关方的需求和期望。基于风险思维，组织采取预防措施可以最大限度地降低不利影响，同时最大限度地利用出现的机遇。质量管理体系为组织策划、执行、监视和改进质量管理活动的绩效提供框架。ISO 9001:2015 标准适用 PDCA 循环的关系如图 2-1 所示。

2.5.2 目标管理

目标管理(management by objective，MBO)也称成果管理，指在全体员工积极参与下，自上而下地确定工作目标，以目标的设置、分解、实施及完成情况的检查和奖惩为手段，通过员工的自我管理自下而上地保证目标实现。目标管理通过目标的激励调动广大员工的积极性，以目标作为各项管理活动的指南，并以实现目标的成果评定其贡献大小。

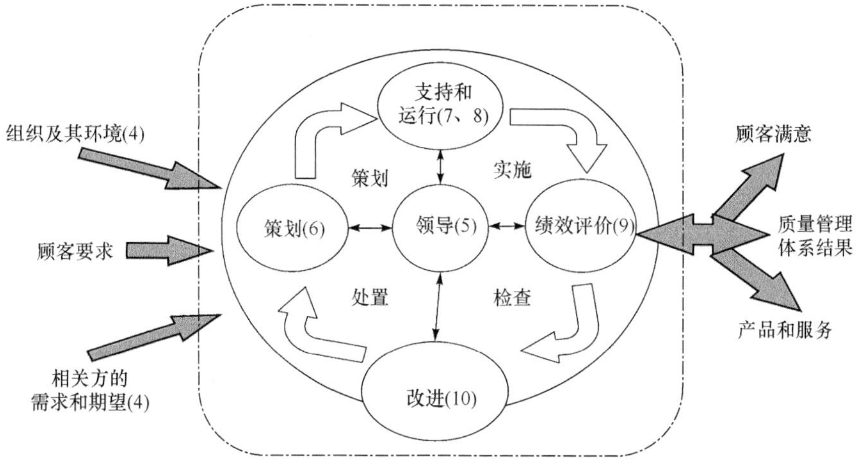

注：括号中的数字表示本标准的相应章节

图 2-1　ISO 9001:2015 标准适用 PDCA 循环的关系

目标管理一般分三个阶段，即目标的设置、实现目标过程的管理、测定与评价取得的成果。

目标管理方法在美国通用电气公司最先采用并取得显著的效果，随后在世界多个国家和地区迅速得到推广。20 世纪 80 年代，该方法在我国企业开始推广应用。

2.5.3　绩效管理

绩效管理指激励和帮助员工取得优异绩效从而实现组织目标的管理方法，有以下常用的方法。

(1) 关键绩效指标(key performance indicator，KPI)

KPI 是通过对组织内部流程的输入端、输出端的关键参数进行设置、取样、计算、分析，衡量流程绩效的一种目标式量化管理指标，把企业的战略目标分解为可操作的工作目标的工具。常见的 KPI 有效益类指标(资产盈利效率、盈利水平等)、营运类指标(管理费用控制、市场份额等)、组织类指标(满意度水平、服务效率等)。

建立明确的切实可行的 KPI 体系，是做好绩效管理的关键。KPI 的优点是标准鲜明、易评估，可以最大限度地提高效率，缺点是对简单的工作制定标准难度较大，有些未做过的事情无法测量，因此无法制订合理的 KPI，难以创新，不能发挥人的主观能动性。

(2) 平衡计分卡(balanced score card，BSC)

BSC 由哈佛商学院发明，从财务、客户、内部运营、学习与成长四个角度，将组织的战略落实为可操作的衡量指标和目标值的一种绩效管理体系。财务目标是解决“股东如何看待我们”，顾客目标是解决“顾客如何看待我们”，内部过程目标是解决“我们擅长什么”，学习和成长目标是解决“我们是在进步吗”，将注意力引向组织未来成功的基础，涉及雇员问题、知识资产、市场创新和技能发展。一个好的 BSC 应将上述四个方面有机联系起来“讲述自身发展故事”。

BSC 的建立应遵循以下步骤。

① 定义组织战略。

② 就战略目标取得一致意见，将 BSC 的目标数量控制在合理范围内。

③ 选择和设计测评指标，每一个指标都是表达组织战略因果关系链中的一部分。

④ 制定实施计划，各层次的管理人员需要参与测评。

⑤ 监测和反馈，经过测评并已经达到目标时，就要设定新的目标或对原有目标设定新的指标。

BSC 的突出优点是将战略目标分解，形成具体可测的指标并落实至具体的工作行为中。

BSC 的不足也很明显：一是实施难度大、工作量大。准确定位组织战略及解码战略对各层管理者提出很高要求。考核要素要完整，工作量很大、专业度很高，一般组织很难推广。二是不能有效地考核个人，会在一定程度上造成岗位职责和素质要求不明确。三是系统庞大，需调动整个组织的资源，短期很难体现其对战略的推动作用。

(3) 目标与关键成果法(objectives and key results，OKR)

OKR 由英特尔公司发明。OKR 明确了公司和团队的“目标”，以及每个目标达成的可衡量的关键成果。关键成果就是为了完成目标必须做什么。目标是设定一定时间内的目标(通常是一个季度)，关键结果由量化指标形式呈现，衡量时间结束时是否达到目标。

OKR 的实施流程一般如下。

① 设定目标，从战略开始确定年度目标、季度目标。

② 明确关键成果，从季度目标到关键成果的分解。

③ 推进执行，从关键成果到行动计划，每项关键成果会派生出一系列的任务，交由不同的岗位和人员负责。

④ 定期回顾，总结提升。

与 KPI 不同，OKR 鼓励员工超出能力范围去完成任务。其主要目标不是考核某个团队或者员工，而是时刻提醒每个人当前的任务，相信并依靠员工的自主性和创造性去完成任务。

2.5.4　全面质量管理

全面质量管理(total quality management，TQM)是为了能够在最经济的水平，充分满足客户要求的条件下进行生产和提供服务，把企业各部门研制质量、维持质量和提高质量活动构成一体的一种有效体系。

全面质量管理贯彻了 PDCA 循环，在 PDCA 四个阶段实施八个步骤。

① 计划阶段。分析现状，找出存在的质量问题；分析产生质量问题的各种原因或影响因素；找出影响质量的主要因素；针对影响质量的主要因素，提出计划，制定措施。

② 执行阶段。执行计划，落实措施。

③ 检查阶段。检查计划的实施情况。

④ 处理阶段。总结经验，巩固成绩，工作结果标准化；提出尚未解决的问题，转入下一个循环。

我国很多企业在实施全面质量管理的过程中，采用成立 QC 小组的方式。QC 小组是在生产或工作岗位上从事各种劳动的职工，围绕企业经营战略、方针目标和现场存在的问题，以改进质量、降低消耗，提高人的素质和经济效益，运用质量管理的理论和方法开展活动的小组[3]。QC 小组有利于提高员工素质、增强团队协作精神、实现全员参加管理，同时预防质量问题、改进质量、提高管理水平，最终实现提高顾客满意度。

交通运输系统为促进 QC 小组健康持久发展，通过组织评选和表彰活动，可以有力地推动交通运输行业质量管理活动的普及，提升管理水平，提高产品和服务质量。

质量管理体系的有效实施和持续改进，离不开科学方法和工具的支持。没有一种管理方法和工具是专门为某组织量身打造、永远适用的，更多的管理方法和工具是通过实践创新形成并不断完善的。

参 考 文 献

[1] 中华人民共和国国家质量监督检验检疫总局，中国国家标准化管理委员会员会. GB/T 19001—2016/ISO 9001:2015. 质量管理体系要求[S]. 北京: 中国标准出版社, 2017.

[2] 中华人民共和国国家质量监督检验检疫总局，中国国家标准化管理委员会员会. GB/T 19000—2016/ISO 9000: 2015. 质量管理体系基础和术语[S]. 北京: 中国标准出版社, 2017.

[3] 中国质量协会. QC 小组基础教材[M]. 修订版. 北京: 中国社会出版社, 2008.

第 3 章　安全和质量管理体系建设

为了提高组织管理水平，提升管理绩效，采用一个系统的管理体系往往成为组织的选择。水路运输系统管理体系有多种类型，可以根据需要建设安全、质量、职业健康、环境等不同类型的管理体系。当组织的关注焦点在安全或质量时，可单独建设安全管理体系或质量管理体系，也可以建设一个综合的安全和质量管理体系。建设安全、质量、环境、职业健康等管理体系依据的标准不尽相同，但建设管理体系的原则、步骤和要求大致相同。

建设安全和质量管理体系的方法和要求尽管在不同类型的组织有所不同，但总体而言，其工作任务基本相同，一般包括管理体系建设的策划与准备、管理体系文件编写等内容。

3.1　管理体系建设的策划和准备

3.1.1　管理体系建设的策划

充分的管理体系策划对于提高管理体系文件的符合性和有效性，提高管理体系建设的效率，少走弯路，具有十分重要的作用。其工作内容主要有组织自身条件和所处环境分析、相关方需求分析、管理制度和工作流程梳理、管理体系运行资源准备、安全和质量方针制定、安全和质量目标制定、管理职责分配和管理体系文件策划等。管理体系建设的策划一般由最高管理层组织进行并开展以下工作。

① 组织自身条件和所处环境分析。运用态势分析(简称 SWOT 分析)等方法，对组织所处的外部环境，包括法律、法规、技术、市场、文化、社会经济、相关方需求等因素进行调查分析；对组织自身的软硬件条件，包括人力资源、设备设施资源、管理状况、安全和质量管理绩效、组织文化等因素进行调查分析。通过调查分析可以找出组织自身的优势与劣势、面临的机遇和风险，确定与组织的发展规划和指导思想相关的可能影响安全和质量管理体系有效实施的内外部因素，提出安全、质量风险控制措施，明确安全和质量管理体系建设思路，确保管理体系能够实现其预期结果，预防和减少不利影响，实现安全、质量管理绩效的持续改进。

② 相关方需求分析。识别、分析相关方的需求和期望，重点分析上级机关、

行业组织和客户在安全、质量等方面的要求，特别是安全和质量管理体系标准的要求，包括法律、法规、规章的强制要求和行业组织的行规行约、道德准则，以及研究满足这些要求和期望应具备的条件和需要采取的措施或思路。

③ 制定安全、质量方针和目标。根据以上分析，制定符合上级机关、主管机关和行业组织要求，满足安全和质量管理体系标准要求，符合组织安全、质量管理发展需求的安全、质量方针和目标。组织的安全、质量方针和目标应与自身发展规划和指导思想相适应，满足上级机关和主管机关对安全、质量方针目标的规定，不背离行规行约。安全、质量目标还应具有科学性和合理性，需与安全、质量方针一致，具有可测性，既要有一定的高度，又不应太低，以免失去激励作用或难以实现，形同虚设。

④ 管理职责分配。在既有组织机构设置和管理职责分配的基础上，分析建立和运行管理体系，以及为实现安全、质量目标所需管理职责，确定管理体系组织架构，明确管理职责分配。一个好的组织机构对体系的运行至关重要，既不能过于复杂运转不畅，又不能过于简单无法形成约束。组织可以不将所有部门和人员纳入管理体系，但与安全、质量管理有关的部门和人员必须在体系内，包括专职部门和人员，以及保障部门和人员。

3.1.2　管理体系建设的准备

1. 组织准备

在管理体系建设策划的基础上，组织可从以下几个方面进行准备。

① 成立以最高管理者为组长，安全、质量主管领导为副组长，最高领导层成员参加的安全和质量管理体系建设领导小组(或委员会)。其主要任务包括确定安全、质量方针和目标；制定管理体系建设工作方案，包括时间进度安排、主要任务及分工、保障措施安排等；对管理体系建设情况进行监督检查，协调管理体系建设过程中的问题；进行管理体系建设和运行资源准备，分析提出建设和运行管理体系、实现安全、质量目标所需的软硬件资源及配备计划，并组织落实，包括资金、设备、办公环境、人力资源、信息和材料等；与相关方进行沟通，促进管理体系建设。

② 成立由组织内分管安全、质量工作的领导及各职能部门领导参加的管理体系建设工作组，负责按照领导小组制定的管理体系建设工作方案，推进管理体系建设各项工作。管理体系建设工作组按职能部门进行安全、质量工作职能的分解。

③ 成立由组织内负责安全、质量管理的部门牵头，涉及的主要业务部门代表参加的管理体系文件编写工作组，负责制定管理体系文件编制工作计划，设计管理体系文件架构，确定人员分工，开展管理体系文件编写工作。

在管理体系建设过程中，上述各小组可以根据计划实施的情况和工作需要，对涉及的硬件、软件和人员配备进行适当的调配和充实。

2. 组织管理状况调查和分析

深入细致的调查研究工作能使建设的管理体系有机地与组织实际工作相结合，使建设过程更顺畅，体系运行更流畅，从而达到提高管理绩效的目的。主要内容包括以下几点。

① 安全和质量管理情况分析。调查本组织的安全和质量管理情况、上级安全和质量管理要求、行业同行安全和质量管理体系现状，以及各安全和质量管理体系建设的经验教训，对管理基础工作情况进行分析，选择如何满足管理体系要求的措施。

② 组织机构分析。组织的管理机构设置应满足安全和质量管理体系的需要，建立与其相适应的组织结构，确立各机构的职责与权限、运行机制和管理模式。

③ 人员状况调查分析。对组织管理和操作人员的知识和年龄结构、技术水平状况进行调查分析,确定组织是否满足应具备的资质条件和管理体系标准等要求。

④ 管理规章制度调查分析。梳理组织内部的各类管理规章制度、操作规程，对现有管理文件进行归纳整理，分析、提出完善管理制度、操作规程、管理文件内容和形式的计划。

⑤ 工作流程梳理。对组织现有的工作过程进行识别、分析，提出过程优化的策略，规定测量每个过程有效性和效率的方法。

⑥ 管理体系标准和法律、法规分析。收集分析安全和质量管理体系标准、相关法律、法规和部门规章、相关规范和标准，明确各项安全和质量管理要求，同时考虑行业组织的行规行约、道德准则，为建设符合各项要求的安全和质量管理体系提供依据。

⑦ 同行调研。对行业内类似的组织进行调研，了解其安全和质量管理体系建立和运行情况，吸取经验和教训，避免走弯路。

通过以上调查分析，了解组织的管理状况和各类管理要求，合理地配置满足管理体系标准和其他要求的资源，开展管理体系组织结构和文件架构策划，对照管理体系要求逐一进行配对，再结合实际将一些个性化要求纳入管理体系要求，形成组织的管理体系要求，合理地搭建组织架构，确定管理体系文件的数量、名称、内容和要求。

3.1.3 人员培训

管理体系的建设、运行、效率、效果是否理想，很大程度上取决于员工是否能统一认识并建立较强的安全和质量意识。员工认识的统一和意识的提升很大程度上需要通过教育培训来实现，因此教育培训在管理体系建设和运行的各个阶段都应持续开展。开展管理体系教育培训时，需要对培训的目的、人员、内容等统筹规划。组织可根据管理体系建设的不同阶段和任务，分阶段、分层次、循序渐进开展培训。

在管理体系建设阶段，需要对组织内不同层级、不同工作组的人员进行培训，统一大家对建设管理体系重要性、必要性的认识，增强对管理体系标准要求的了解，掌握管理体系的基础理论知识，熟悉建设管理体系的方法，明确管理体系建设的各项工作任务和要求。在管理体系建设阶段的人员培训任务主要包括管理体系要求培训、管理体系文件编写人员培训、内部评审员(自我评价员)培训等。

1. 管理体系标准培训

培训内容主要是拟建设的管理体系标准，培训对象和要求分为以下几个层面。

(1) 对组织决策领导层的培训

培训时机宜选择在管理体系策划前进行，主要培训内容和要求如下。

① 介绍安全和质量管理体系应用情况，其他组织建设和运行管理体系的经验和教训，提高领导层对建设管理体系紧迫性和必要性的认识。

② 介绍安全和质量管理体系标准(包括外部评审标准)，以及本组织开展业务相关的法律、法规、规章、规范和标准的要求；实施安全和质量管理体系的可行性，把握这项工作对资源和环境的需求情况；管理体系建设和运行的大致过程，以及内部评审和外部评审的过程和要求。

③介绍安全和质量管理体系要求，重点讲解管理职责等要求，明确决策层领导在管理体系建设中的关键地位及其应发挥的作用和采取的行动。

(2) 对管理体系建设工作组人员的培训

培训时机可选择在管理体系策划阶段后期或结束后。培训内容和决策领导层培训的基本相同，侧重点在管理体系标准和外部评审标准的了解。此外，增加管理体系方法和原理的介绍，其目的是让管理体系建设工作组成员熟悉管理体系建设的过程和方法，明确今后面临的任务和需要采取的行动。

(3) 对全体人员的培训

培训时机可选择在管理体系文件即将发布或发布后、内外部评审前后等。培训内容主要包括管理体系标准、管理体系原理和概念、管理体系文件、外部评审程序和要求等。

培训的重点是管理体系文件内容和要求。管理体系文件是组织的最高管理“法律”，把建设和实施管理体系作为建立科学的现代管理机制和制度、提高竞争力的有效手段。组织编制并审批发布管理体系文件是建设与实施管理体系的第一步。要使管理体系能够真正发挥作用，在组织内部有效实施，为组织带来管理效益，还需要组织通过各种形式和方法进行宣贯和培训，使员工了解管理体系原理和概念，充分理解安全、质量方针和目标，熟悉岗位职责和权限，掌握管理体系文件的相关规定，了解需做的相关记录，具备履行岗位职责所需的知识和能力，从而有效执行管理体系文件规定。此外，还应对内部评审、外部评审的流程和要求进行培训。

2. 管理体系文件编写培训

培训对象为参加管理体系文件编写的人员，培训内容包括以下几个方面。

① 管理体系标准培训。通过培训，熟悉管理体系标准内容、术语和定义、基本要求、审核方法等，理解管理体系标准每项要求的具体内容，每个定义或术语的真实含义，为编写符合管理体系标准要求的管理体系文件打好理论知识基础。

② 管理体系文件编写方法培训。通过对管理体系文件框架、文件内容、文件格式、编写规范等的培训，参与管理体系文件编写的人员可以掌握不同层次或类型的管理文件的编写方法和要求，为编写符合组织实际情况、具有操作性和规范性的管理体系文件提供可靠保障。

3. 内部评审员培训

内部评审员对于组织实施管理体系十分重要，一方面管理体系内部审核需要有资质的内部评审员实施，另一方面内部评审员可以作为组织管理体系建设和实施的骨干，指导所在部门管理体系的建设和实施工作。

一般具有资格的机构会不定期组织相应的管理体系内部评审员培训。组织可及时联系报名，选派业务骨干参加内部评审员培训，通过测试的人员可获得相应管理体系的内部评审员资质。

初次建设管理体系的组织，可综合考虑自身内设机构中主要业务部门、安全和质量管理部门的情况，以及参与管理体系文件编写人员的情况，确定参加内部评审员培训的人员。

3.1.4 建设管理体系需关注的问题

1. 处理好几个关系

(1) 体系管理模式与组织传统管理模式的关系

管理体系是一种广泛应用的管理模式，多采用过程控制、PDCA 循环等方法，与传统的管理模式相比更强调工作的规范化、标准化，通过对过程程序进行规定，严格按照程序开展活动，对开展的活动进行监测和检查，持续改进绩效等活动，减少人为因素的不良影响，促进组织安全和质量管理绩效的提升。

体系管理模式不是替代和否定传统管理模式，而是对传统管理模式进行系统性整合，对过程控制进行优化和强化，是对传统管理模式的完善和升级。

(2) 管理体系文件与管理制度的关系

组织的管理制度往往强调某项活动“谁做”“做什么”，目的在于明确应做什么和不能做什么。管理制度往往比较独立，管理制度之间的呼应和联系较弱。管理体系文件除了强调“谁做”“做什么”外，更突出“如何做”“做的依据和标准”，强调管理的闭环和系统性，目的在于对工作过程的系统性控制。管理体系文件是对管理制度的补充和加强，管理制度是管理体系的重要组成部分，二者作用不同，不互相排斥。

(3) 文件控制与使用的关系

文件控制指管理体系实施中对管理体系文件进行管理。接受管理的文件又称受控文件。文件控制既包括对管理体系内部文件的起草、审核、发布、实施、保存等过程，也包括对外来文件(法律、法规、规范性文件、规范、标准等)的识别、登记、传阅、处理、保存等过程。文件控制的总体要求一般与组织内部的公文处理要求相同，强调管理体系文件应随着环境和工作流程的变化持续改进，动态保持各类文件的有效性，防止失效文件的误用。

文件控制的重点不是强调如何保存文件，而是让工作人员更方便地获取有效文件。

(4) 安全和质量管理体系与交通运输企业安全生产标准化建设的关系

根据《交通运输部办公厅关于进一步加强航运公司安全管理工作的意见》规定，建立安全管理体系的航运公司可不再开展安全生产标准化建设。

航运企业已建立安全管理体系并取得符合证明，视同满足企业安全生产标准化二级达标水平。如果企业申请一级交通运输企业安全生产标准化建设评价的，评价及颁发等级证明应按照初次评价的有关规定执行。

2. 注意几个问题

① 强调整体优化。安全和质量管理体系，是以安全和质量为关注点而建立的体系。《辞海》对体系的定义是指有关事物相互联系、相互制约而构成的一个整体。不论是管理体系的定义、组成管理体系的各个要素，还是安全、质量目标制订和实现的各过程，都是相互联系、相互制约的一个整体[1]。管理体系方法注重系统性，其核心是整体优化。一个组织在建立、保持和改进管理体系的各个阶段，包括管理体系的策划、管理体系文件的编制、协调各部门和各要素活动之间的接口，都必须树立整体优化的思想。

② 强调事前策划。策划是一种活动，是组织对今后工作的构思和安排。策划的结果一般应形成计划或方案。有效的安全和质量管理体系不是随意建立和实施的，往往需要经过精心的策划和周密的计划安排。事实上，任何一项新的工作，包括新产品、新项目、新合同和其他新的经营活动，取得成功的第一步就是做好周密的策划。

③ 强调满足顾客的要求。满足顾客及其他相关方对产品或服务的需求是建设管理体系的核心。管理体系是否有效，最终应体现在该组织提供的产品或服务的安全和质量上，体现在组织满足顾客需求和期望的程度上。

④ 强调风险管控。风险管控是安全和质量管理体系强调的另一重点。在 ISO 9000 族标准 2015 版中新加入了风险思维，要求组织能够确定可能导致其过程和质量管理体系偏离策划结果的各种因素，采取预防控制，最大限度地降低不利影响，并最大限度地利用出现的机遇。

水路运输系统安全和质量管理体系标准中也有风险管控的条款，要求组织在建立和实施安全和质量管理体系时，应对安全和质量风险进行识别、分析和控制，以预防为主，在“事中”抢救/纠正和“事后”总结教训进行整改的基础上，增加“事前”预防的要求，发现和及早控制安全和质量事故风险，做到防患于未然。

⑤ 强调过程控制。在建立管理体系时，应明确过程是否被确定，过程程序是否被恰当地形成文件，过程是否被充分展开并按文件要求贯彻实施，在提供预期的结果方面，过程是否有效。

⑥ 强调持续改进。鉴于组织的环境和条件可能发生变化、顾客和其他相关方的需求会发生变化。当实施安全和质量管理体系时，组织的管理者应确保其安全和质量管理体系能推动和促进持续的安全和质量改进，在整个组织内采取旨在提高活动或过程的效益、效率的各种措施，应对可能发生的各类变化，向本组织及顾客提供更多的收益。争取使顾客满意和实现持续的改进是组织各级管理者追求的永恒目标。

⑦ 强调组织和顾客利益的统一。一个有效的管理体系，既要满足顾客的需要和期望，也应保护组织的利益，在考虑利益、成本和风险的基础上，使组织管理绩效和顾客体验最佳化。顾客和组织都希望用尽可能少的劳动消耗和资源，提供能满足顾客要求的产品或服务，达到利益最大、成本最佳、风险最低的目标。以上这些方面，顾客和组织既有相互依存的一面，也有相互制约的一面。要做到安全、质量与效益的统一，就要从顾客和组织两个方面权衡利益成本和风险诸因素的关系，做到组织和顾客利益的协调统一。

⑧ 强调全员参与。组织的生产和服务活动是一个完整的系统，由各个子系统组成，任何子系统出现故障都会影响整个系统的可靠性。组织管理体系的建立和实施、产品和服务的提供，都是由若干相互联系、相互影响的过程完成的，任何

一个过程出现问题都会影响整个组织的安全和质量绩效。这些子系统和过程都是由不同层面的人员实现的，任何层面或过程的人员出现失误都会影响整个系统的稳定和过程的有效性，因此要求组织内的所有成员参与到管理体系的建设和实施中，承担各自的职责并发挥个人的作用。组织如果未将所有部门和人员纳入管理体系，则与安全、质量管理有关的部门和人员，包括专职的安全、质量管理部门和人员，以及为安全、质量管理提供支持保障的部门和人员应该全员纳入。

3.1.5　多个管理体系融合建设

随着水路运输的发展和社会对安全、质量、环境和职业健康等方面关注度的提升，一个组织根据若干管理体系标准或要求建设多个管理体系的情况日渐增多。近年来，我国水路运输企业也逐步开始建设质量、环境、职业健康与安全等管理体系。由于管理体系在标准的思想、标准的要素等内容上有很强的关联性，很多企业将若干管理体系进行整合，以便更加高效地实现质量、环境、职业健康、安全、能源、治安状况等方面的目标。一些认证、审核机构也开始采用多体系审核或一体化审核的方式，对推进组织多个管理体系的融合建设和实施起到促进作用。

常见的多个管理体系的建设途径主要有以下两种。

① 根据不同的管理体系标准或要求，分别建设若干个管理体系。根据安全、质量、环境、职业健康等各种管理体系标准，分别编制管理体系文件，运行各个管理体系，按照每个管理体系审核要求，通过审核、获得相应的管理体系证书。

这种管理体系建设方式的优点是各个管理体系文件对应的管理体系标准清晰，管理体系文件编制较为容易，管理体系宣贯、培训和运行针对性强，管理体系审核较为单一；缺点是需要编制多套管理体系文件，管理体系运行和宣贯会有很多重复性的工作，管理资源使用效率不高。

② 根据不同的管理体系标准或要求，建立一个综合的管理体系。根据安全、质量、环境、职业健康等各种管理体系标准，编制一套管理体系文件，按照各个管理体系审核要求，分别或一次性通过审核，获得相应的管理体系证书。

这种管理体系建设方式的优点是用一个组织架构和文件架构满足多个管理体系标准要求，管理体系宣贯、运行投入更为高效，可以减少重复性工作，资源投入产出的费效比更高；缺点是管理体系文件编制所需精力和时间相对较长，管理体系文件与管理体系标准的对应更为复杂，管理体系审核难度相对较高。

3.2　管理体系文件编写

管理体系文件是描述组织管理体系要求的一整套文件，是组织开展安全和质量活动需要依据与执行的全部文件的总称。管理体系文件是组织实施管理体系的基础和证据，也是评价安全和质量管理体系符合性、有效性和持续性的客观依据。

组织通过管理体系文件对管理和服务活动的开展加以规定和控制，明确职责权限、工作规程，为工作或活动的开展确定依据和标准。管理体系文件应反映相关方、管理层、法律、法规、规范性文件、规范、技术标准、管理体系标准，以及行业组织的行规行约、道德准则对安全和质量管理的要求，明晰不同层次、类型文件之间的相互关系。同时，确保各类文件之间无矛盾冲突，并结合实际工作环境，达到操作流程的适用性和系统性。通过管理体系的改进实现组织管理方式、管理方法的不断优化和经验积累，体现组织活动的连续性和规范性，不断提升组织的管理水平和工作效率。

3.2.1　管理体系文件组成和特点

(1) 管理体系文件组成

尽管组织情况不同，管理体系关注点也不尽相同，水路运输系统安全和质量管理体系文件框架大体相似，一般应包含以下内容。

① 管理手册。管理手册是向组织内部和外部提供关于管理体系符合性信息的文件，是对管理体系作概括性表述、阐述及指导管理体系实践的主要文件，是组织安全和质量管理活动应长期遵循的纲领性文件。管理手册的作用体现在组织内部(由组织最高领导人批准发布的、实施各项安全和质量管理活动的基本要求和行动准则)、外部(证明组织安全和质量管理体系存在，并具有信誉保证能力的文字表征和书面证据，是取得用户和第三方信任的手段)。管理手册不仅为协调安全和质量管理体系有效运行提供有效手段，也为管理体系的评价/审核提供依据。

② 程序文件。程序文件是管理体系文件的重要组成部分，是管理手册的支持性文件，是规定某项安全和质量管理活动流程或方法的文件。员工在工作中必须严格按照程序文件规定实施各项管理活动，并使这些活动在程序文件的控制之下进行，防止人为因素的不良影响。程序文件同时也是执行、验证和评审活动的依据。

③ 岗位指导书。岗位指导书是规定岗位职责权限的文件，是程序文件的支持性文件，是指导和保证过程和活动最基础的指导文件，为部门和员工开展具体管理、操作活动提供指导。

④ 记录。记录是一种特殊的管理体系文件，在 ISO 9000 标准 2015 版中改称

成文信息。有的组织或管理体系称其为台账。记录具有规范性、可追溯性、客观性、可操作性等特征，其作用主要体现在过程输出的结果、为管理活动的有效实施提供客观证据、为控制和评价产品提供客观证据、为采取预防和纠正措施提供依据等。

⑤ 内部规章制度。内部规章制度指本组织内部的须知文件、业务(作业)指导书、操作规程、管理制度等用于规定某项工作的依据或标准的文件。内部规章制度文件名称和格式并无严格界定，可根据组织习惯自行确定。

业务(作业)指导书、操作规程一般用来规定某项具体业务活动的操作流程和注意事项，内容尽量单一，操作流程和工作要求尽量清晰、简单，便于理解和执行。

⑥ 外来文件。外来文件指与安全、质量管理有关的国际公约、法律、法规、规章、技术规范、标准，以及行业组织的行规行约和道德准则等非组织自身编制的依据文件。

管理体系文件组成按照以上 6 部分进行描述，主要是为了便于读者理解，并没有严格的规定。组织对安全和质量管理体系文件可以有不同的分类方式。例如，将记录纳入程序文件中，岗位指导书划入内部规章制度等。此外，组织也可以对管理体系文件有不同的命名方式，例如将岗位指导书命名为岗位职责，将须知文件命名为业务指导书等。

管理体系文件强调内容是否符合管理体系标准和组织情况。组织不应把注意力过多集中在文件的形式和名称上，无论组成分类和命名方式如何，管理体系文件的内容总体上区别不大，大体上包含以上内容。

(2) 管理体系文件架构

许多组织的管理体系文件往往采用三层或四层架构。从实际情况来看，管理体系文件编写的难易程度和实施效果与管理体系文件层次架构和数量多少没有直接关系。目前，管理体系应用范围越来越广，管理体系种类越来越多，一个组织按照一个以上管理体系标准建立管理体系的情况日益增多。随着人们对管理体系认识的提升，注意力更多地集中在管理体系文件的内容而非形式上。一些管理体系标准对于管理体系文件结构等要求日趋宽松。对于文件采用何种结构，以及编制多少往往没有强制性要求，组织可以根据需要自行设计和构建管理体系文件架构。

一般可根据组织的规模、结构、业务数量等因素决定管理体系文件的结构和数量。如果一个组织规模小、管理层级少、没有分支机构或分支机构很少、业务比较单一，管理体系文件层次和数量过多就显得太过复杂，不利于操作执行，管理体系的效果难以显现。如果一个单位规模大、管理层级多、分支机构多、业务方向多，则可以适当增加管理体系文件的数量和层次，以便不同层级和分支机构的员工执行，更好地发挥管理体系文件的作用。

(3) 管理体系文件形式

管理体系文件承载媒体的形式既可以包括纸质文件、电子文件，也可以包括录音、录像、图片等。管理体系文件的效力不应因为形式的不同而有任何效力上的差别。组织可以根据自身实际，从便于学习和使用、降低人员工作强度、提高工作效率的角度选择合适的文件形式。

(4) 管理体系文件特点

了解管理体系文件的特点是编写管理体系文件的基础，对于编写符合要求并能够发挥作用的管理体系文件具有重要意义。管理体系文件一般具有以下特点。

① 权威性。文件一旦批准实施，就必须认真执行。文件修改只能按照规定的程序进行，需要的修改应适时进行。只有程序规定的有权限的人员才能批准修改和实施修改，任何人无权擅自修改文件。

② 唯一性。管理体系文件各项要求或规定在组织内应是唯一的。一个部门或岗位职责只能有一个规定，一项活动只能有唯一的程序和要求，一项规定只能有唯一的解释，一个管理体系文件不应有不同的版本或要求。

③ 充分性。管理体系文件应覆盖组织识别出的全部管理过程及其相关的部门和岗位职责。管理体系文件的内容应满足管理体系标准的全部要求(管理体系标准允许删减的除外)。

④ 适宜性。管理体系文件的规定应符合组织自身条件和人员的实际，内容和要求应具有可操作性。管理体系文件要求过高或过低都不允许，要求过高无法执行，要求过低则不能满足符合性的要求，没有执行的意义，也不能通过外部评审。

管理体系文件的作用主要体现在描述组织的管理体系；明确组织内部职责、权限、分工；明确组织管理体系文件框架和组织管理结构；明确管理流程；明确各岗位、各部门管理职责的衔接关系；建立沟通渠道；向相关方证明组织管理能力，为顾客提供信任保障；为达到要求的安全质量标准提供指导；对服务形成过程进行管理和控制；为审核、评价管理体系的有效性、适宜性和持续改进提供依据。

3.2.2 编写准备

① 一般应在策划及调研分析工作完成后开始编写管理体系文件，必要时也可交叉进行。如果前期工作不充分就直接开始编写，容易造成管理体系文件系统性、整体性不强，或者管理体系文件规定脱离实际等弊病。

② 除管理手册需统一组织编制外，其他管理体系文件可由各职能部门按分工参与编制，先提出草案，再征求意见、修改完善、会鉴，审批后定稿。

③ 管理体系文件的编制应结合本组织的职责分配进行，按照管理体系标准要求，明确各项、质量活动对应的部门、岗位及其职责。

④ 为了使编制的管理体系文件协调、统一、全面，在编制前可通过将内部规章制度(包括岗位职责、管理制度、操作规程等)，以及记录(台账)格式收集在一起，与安全、质量管理相关法律、法规、部门规章、规范性文件、规范、标准特别是与管理体系标准要求进行比较，确定新编、删除或修订的内容，制订管理体系文件清单。

⑤ 为了提高管理体系文件的编制效率，减少返工，在管理体系文件编制过程中要加强不同部门、不同层级、不同类别文件的协调，防止出现冲突或矛盾，提高部门之间衔接的顺畅性，保证过程闭环。尽管如此，一套好的管理体系文件也要经过自上而下或自下而上的多次反复沟通。

⑥ 编制管理体系文件的关键是注重文件内容，不必过度关注文件形式和数量。既要从内容和要求上满足管理体系标准等强制性规定要求，又要在方法和具体做法上符合实际，在日常执行中便于操作。

3.2.3 管理手册编写

虽然有的管理体系标准已经不再对管理手册有强制性要求，但多数管理体系标准往往会规定管理手册和主要内容。这些管理体系标准对管理手册内容的要求大同小异，一般包含组织安全、质量方针和目标，组织管理体系概况(组织架构、文件架构等)，以及组织实现管理体系要求的途径、方法。为了与管理体系标准要求对应并易于理解、执行和评价，管理手册内容与编排顺序可与管理体系标准要求的内容、编排顺序尽可能地一致。例如，管理手册可以包含如下内容。

① 封面。组织及管理体系文件名称、生效日期、文件编号等信息。

② 组织简介。简单介绍组织的发展沿革、业务范围、规模、技术条件、资质、优势、安全和质量管理状况、组织地址、网址及联系方式等。

③ 管理手册介绍。介绍管理手册内容、作用和适用范围。

④ 颁布令。说明包括管理手册在内的管理体系文件已按选定的管理体系标准编制完毕，并予以批准、发布和实施。颁布令应以组织最高管理者的身份叙述，并有签字或签章、颁布日期等。

⑤ 方针和目标。介绍组织安全、质量方针和目标，明确组织对安全和质量的承诺，对安全和质量方针进行解释或说明。说明组织采取哪些措施确保员工理解、贯彻和实现安全和质量方针、目标。此外，也可以介绍总目标、年度目标或部门分目标的制订程序。

⑥ 组织结构和职责分配。对于管理体系组织结构，除非法规、规范有明确的要求，管理体系标准一般没有特别要求，可依据组织的实际情况设计，目的是提高工作效率、规范工作，确保过程处于受控制状态。可用结构图或文字方式介绍本组织内部的组织机构设置，特别是安全和质量管理组织机构。负责安全和质量管理、执行和验证的职能部门、岗位的职责、权限及其工作关系可在本部

分介绍，也可在职责手册、程序文件等其他管理体系文件中介绍。

⑦ 管理体系文件构架。以结构图或文字方式介绍组织管理体系文件架构或组成，以及各类文件的主要内容和作用。

⑧ 管理体系要求。根据管理体系标准的要求(要素)，简要阐述满足每个管理体系要求(要素)的途径或措施，力求语言简明扼要、精炼准确，必要时可简单引用相应的程序文件。

⑨ 定义/术语/缩写。管理体系文件应尽量使用法规、规范性文件、标准、规范或习惯的定义/术语/缩写。这类定义/术语/缩写无须一一列出，只需说明直接适用即可，也可根据组织需要列出组织特定的定义/术语/缩写，但应保证对管理体系文件内容有完整、一致、清楚的理解。

⑩ 管理体系文件的使用或管理指南。简要阐明管理体系文件的编制、审核、批准情况；管理体系文件的修改、换版规则；管理体系文件的使用、管理、控制规则等。

⑪ 附录。管理手册所需的附录。

3.2.4 程序文件编写

程序文件是管理手册的支持文件，是对管理体系标准基本要求涉及的活动或过程进行控制的文件化描述，是对这些活动或过程开展或实施的具体的、流程性的规定。一般管理体系标准对程序文件的格式、内容和数量都没有严格规定，程序文件通常需要明确本程序的目的和适用范围、要做什么和谁来做，何时、何地(何种情况)做，以及如何做、依据什么做、活动的结果或记录是什么等。

1. 准备工作

(1) 编制程序文件清单

根据管理体系文件总体策划，以及对安全和质量管理体系要求的分析，列出应编制的程序文件清单。

每一个程序文件都应包括管理体系的一个逻辑上独立的部分。程序文件的数量、内容及其格式由组织自行确定，可根据组织的运行机制、组织内部机构的组成，以及业务的特点来确定。程序文件清单范例如表 3-1 所示。

表 3-1　程序文件清单范例

序号	程序文件名称	控制的过程
1	人力资源管理程序	人力资源配备、聘任与解聘、考核活动
2	培训管理程序	各类人员教育、培训活动
3	环境、设施和设备管理程序	环境、场地、设施和设备等管理活动

续表

序号	程序文件名称	控制的过程
4	作业管理程序	组织主要作业(业务)活动
5	文件管理程序	内外部各类文件(含记录)管理活动
6	内部监测程序	安全和质量监测、各类作业监测、管理体系内部审核(自我评价)和管理评审等活动
7	沟通程序	组织内部沟通活动；客户、合作伙伴、主管机关等外部沟通活动
8	风险管控程序	安全和质量风险的识别、分析、控制等活动
9	不符合控制程序	不符合的发现、原因分析、纠正措施及验证等活动

组织在以上程序文件的基础上，还可根据自身具体情况将程序文件进一步细化为若干个程序。例如，将人力资源管理程序进一步细分为人力资源配备程序、人员聘任程序、人员考核程序等。

(2) 对现行工作流程进行分析

对组织现行的各种管理制度、操作规程等文件进行分析，以保证管理体系有效运行为前提，以程序文件的要求为尺度，结合实际工作流程，明确现有活动及具体做法，确定是否需要修改工作流程。

(3) 确定程序文件结构和格式

管理体系标准对程序文件的结构和格式没有严格规定，一般可包括文件编号和标题、目的和适用范围、术语/定义、职责、工作流程或工作程序、记录/台账、相关/支持性文件、附录。

(4) 编写分工

程序文件编写分工应考虑编写人对工作流程和管理体系标准的熟悉程度。

程序文件的编写顺序没有特别要求，可结合编写分工同时进行，也可按照业务流程开展的先后次序依次编写。

2. 编写内容

① 文件编号和标题。编号可以根据管理体系文件的层次和活动的先后顺序进行文件编号，同一层次的程序文件应统一编号以便识别。标题应明确说明程序文件控制的活动，如人力资源管理程序、内部审核程序、不符合控制程序等。

② 目的和适用范围。简单说明为什么要开展这项活动，涉及哪些方面。

③ 术语/定义。如有需要，可列出本程序需特别说明且管理手册等文件中未提及的术语/定义。

④ 职责。阐明与本程序控制的活动相关的部门职责、岗位职责。职责应根据部门、岗位在活动中的具体职责描述，文字尽可能具体、明确，避免模糊或笼统的描述。

⑤ 工作流程或工作程序。闭环描述开展此项活动的完整流程，以及输入、转换的各环节和输出的结果；明确物资、人员、信息和环境等方面应具备的条件，以及与其他活动接口处的协调措施；明确所要达到的要求，所需形成的记录/台账。注明需要注意的任何例外或特殊情况。程序文件可以用流程图辅以文字描述，也可以单独用文字描述。

⑥ 记录/台账。列出活动相关的记录/台账名称(编号)和责任人，明确活动的结果或证据。如果以往没有统一的记录/台账格式、记载、保存要求，也应一并明确提出。

⑦ 相关/支持性文件。以规范的文件名称、活动的先后顺序列出开展活动的依据文件。

⑧ 附录。根据需要附上有统一格式的记录/台账模板，也可另外单独汇编成册。

3. 编写要求

① 程序文件的范围和详细程度取决于工作的复杂程度、所用的方法，以及活动涉及人员所需的技能、素质和培训程度。如果活动比较复杂，程序文件可以不涉及纯技术性的细节。这些细节可在作业指导书或操作规程等文件中规定。

② 程序文件规定的工作流程应简练、明确和易懂，并规定采用的方式和合格判定准则。

③ 程序文件引用的文件应使用规范的文件名全称，提及的部门、岗位、记录/台账等也应是规范的全称，避免使用非约定的俗称、简称。

④ 每一个程序文件都应能回答“5W1H”，即做什么(what)，什么时间或时机去做(when)，什么地点或什么场合做(where)，由谁去做(who)，为什么这么做(why)，以及如何做(how)。程序文件对上述问题所作的明确规定体现为进行某项活动所规定的途径。

3.2.5 其他管理体系文件编写

(1) 职责手册/岗位指导书编写

职责手册/岗位指导书是程序文件的支持性文件，是为了明确管理体系内各部门、岗位的职责、权限和相互关系。根据组织对此文件赋予的内容和作用的不同，文件名称也有所不同，有的取名为职责手册(包括部门和岗位名称、职责等)，有的取名为岗位指导书(包括岗位名称、上下级关系、替代关系、适任条件、岗位职责等)。

(2) 记录/台账编写

记录指为完成的活动或达到的结果提供客观证据的一种管理体系文件。各种管理体系标准或规范性文件一般都会对记录/台账的记载和保存提出要求。记录/台账作为活动开展或达到结果的客观证据，是管理体系运行的必要文件。记录/台账编写时应注意以下事项。

① 注意整体设计。记录/台账包括服务实现过程记录和管理体系运行记录，不但为记录者本人使用，而且要提供给其他人(管理者、顾客、评定机构、相关人员等)使用。组织应对需要的记录/台账进行整体设计，编写专门的对记录/台账进行管理(控制)的文件，对记录/台账标识、编目(检索)、格式、名称、内容、记载、审批、保存等作出统一规定。

编写人员可汇总所有记录格式，经有关部门或人员对其统一性和内容的完整性进行校审后再发布执行。

② 防止造成盲区。记录/台账是一种特殊的管理体系文件，其媒介形式与其他管理体系文件一样。记录/台账的格式可以是表格，也可以是其他形式。表格形式的记录/台账因其简单、清晰和便于使用，受到广泛的应用。但并非所有的记录/台账都是表格形式的，很多组织在编写管理体系文件或运行管理体系时，往往只考虑表格形式的记录/台账，忽视非表格等其他形式的记录/台账，造成部分记录/台账的控制盲区。组织应根据活动的实际情况，选用满足其功能要求、便于使用和保存的记录/台账形式。

③ 与过程结合。记录/台账的设计应与编写程序文件、业务指导书等过程控制文件同步，在编制这些文件的同时，分别编写与过程对应的记录/台账，必要时可将其附在程序文件等过程控制文件后面，以便记录/台账与这些过程控制文件协调一致，过程完整、清楚。

3.2.6　管理体系文件审查

管理体系文件自我审查是为了确定管理体系文件的符合性，是管理体系建立阶段的重要环节。一般由组织领导层、编写组和业务部门负责人参加。审核管理体系文件时，必须对每一个评价的过程提出三个基本问题。

① 管理体系标准和法规、规章要求，以及行业组织的行规行约、道德准则是否被识别或确定。

② 过程是否被识别和确定，并恰当地形成文件。

③ 在提供预期的结果方面，过程是否有效。

以上三个问题的答案将决定管理体系文件是否可以通过审核并发布实施。

3.3　电子化管理体系建设

电子化管理体系(electronic based management system，EBMS)指依靠电子文件、数据和应用软件来正常运行的管理体系。

3.3.1　电子化管理体系的必要性

(1) 信息技术发展为线上业务办理提供了技术支持

随着信息技术及应用的推广、实施，各行各业的业务管理工作涉及的信息生成、收集和移动广泛采用电子化，促进了组织业务和管理模式的转变。组织对信息技术的依赖程度不断提高。随着5G时代的到来，5G将与“云”产业发生叠加效应。随着5G技术的快速发展，虚拟现实(virtual reality，VR)、增强现实(augmented reality，AR)等应用将慢慢走进我们的生活，进一步提高我们的体验感。终端需求的升级和5G的发展将使在线业务办理更加便捷。

(2) 片面理解文件控制带来的负面影响

管理体系标准要求对文件进行控制，目的是保证人员(场所)及时获得有效的文件。但有的组织片面理解文件控制的要求，不是根据文件的类型和人员(场所)的需求规定文件控制要求，而是偏重于文件保管，制定了一些不必要的文件控制措施，不仅降低了文件使用效率，还增加了无谓的工作量，浪费了资源，对管理体系的运行带来负面影响。

(3) 线上业务办理推动了工作模式的转变

远程办公普及、线上教育培训出现、云展览会增加等新工作模式，推动了人们工作观念和业务习惯的改变，促使云办公、线上业务办理的黄金期快速到来，进一步巩固了电子化管理体系建立和运行的思想基础。

(4) 对记录/台账的过度控制引起的反思

有些组织在管理体系建立时，片面理解记录/台账的作用，在过程或活动中人为设计或增加记录/台账；在文件编写时考虑不周，只关注纸质文本的记录/台账，对于一些信息系统自动生成的电子记录没有纳入记录/台账范围，造成员工在办公自动化系统工作的同时，还需要另外增加纸质的记录/台账。这都增加了员工无谓的工作量，分散了员工在安全和质量管理中的精力。

有些审核员/评审员过于依赖通过文本格式的记录/台账获取管理体系符合性的客观证据，忽视其他形式的记录/台账，造成系统生成的电子记录被忽视。

记录/台账的过度控制会增加重复性工作，分散员工在安全生产和管理中的精力，引发人们对管理体系效率的担心。信息技术的飞速发展为实时、稳定通信打下了坚实的技术基础，线上办公所需的协同工作系统和视频会议系统可以依托各种类型的云服务平台，进行低成本部署，使员工的工作不受空间和时间的限制，实现多地、远程进行沟通和协同。组织通过建立高效可靠的数据交换方式，可以提高线上业务办理和内外部沟通的效率，降低运作成本，增强竞争力。

3.3.2 电子化管理体系建设思路

(1) 重视平台和系统建设

电子化管理体系的建立和运行，与组织信息化建设水平密切相关。组织信息化办公和业务办理的范围与程度决定了电子化管理体系建设的内容和深度。组织应根据自身信息化建设情况开展电子化管理体系建设，或者与自身信息化建设同步考虑电子化管理体系建设工作，应重点考虑以下几方面任务。

① 选择适合自身具体情况，具有普适性的信息平台和管理系统。信息平台和管理系统是组织电子化管理体系的基础设施，应该为组织提供一个良好的数据传输和转换解决方案，以便实现信息的持久保密性和完整性。

组织应尽量建设/选用在行业内普遍应用的信息平台和管理系统，以便与其他组织进行信息交互。在满足自身功能需求的基础上，组织应尽量减少完全个性化的开发，防止因自身信息平台或管理系统的特殊性妨碍与其他信息平台和管理系统的互联互通。

组织可以借助和采用工业互联网技术，通过数字化、智能化改造来改进组织内部各部门、岗位之间协同的柔性和灵活性，提升组织与商业伙伴(特别是客户、供应商)之间的沟通交流和业务协同。

组织还应重视大数据平台的建设和利用，采用主动抓取技术，动态实时抓取业务流程中的数据，建立自动化的大数据监测模型，动态分析安全、质量管理数据，为决策者提供智能管理决策支持。

② 规定数据格式和资源预定规则。为了加强组织内部及组织之间的相互沟通联系、数据交换和信息共享，应规定组织管理信息及相关数据的共享和交换标准，同时提供文件、信息、数据的交换途径，促进信息资源的共享和交换。

③ 建立完善基于软件的过程管理。优化组织的资源管理、业务流程、生产过程、供应链管理等过程，加强组织与外部用户、相关方的对接。努力实现对过程的数字化、智能化管理，降低组织的生产、经营活动对单个员工的依赖，减少对其工作时间、空间的依赖。强化与客户、主管机关等相关方之间的联结性、协同性，让彼此之间的合作不会轻易受到局部直接交流障碍的影响，彼此之间的业务能进行灵活的调节。短期可采用基于互联网技术的远程办公、工作协同、业务管控等工具，对组织办公和工作协同进行全方位升级；远期可通过发展和运用工

业互联网技术，打造资源优化平台和资源配置平台，加快组织的数字化、智能化转型。

建设/完善设施、设备、资产的管理和运营系统，利用大数据、人工智能等技术及行业经验对设施、设备运行状态与性能状况进行智能分析，为生产与决策提供相应的智能化服务。优化组织内部的管理和经营活动，减少对员工等资源的时间、空间的依赖。同时，可以将管理系统的后台置于云端，减轻对部署的物理位置的依赖性。

(2) 管理体系文件电子化

① 管理体系文件电子化的范围。电子化管理体系原则上应对管理体系内的全部有效文件(包括记录/台账)进行控制。管理体系文件的电子化不仅是采用电子版的管理体系文件，不再印发纸质版本的文件，而是要考虑所使用的信息平台、管理系统、数据库、文件格式等，统筹考虑组织对电子化文件的管理方针和程序，包括组织对文件保密性、文件可靠性的要求和措施。

鉴于电子版文件也存在被修改的可能性，应对文件使用者的授权、访问路径、使用权限和要求进行规定，并采取有效的技术控制措施。

② 业务流程再造。所谓业务流程再造是将组织基于纸质文件和口头沟通的业务流程转换到基于电子文件(信息或数据)的业务流程。再造后的业务流程应提高员工、客户和合作伙伴之间的沟通效率，不降低管理体系对过程进行控制的能力。

③ 记录自动生成。利用电子化管理体系信息自动生成和存储的功能，减少或取消人工纸质记录，降低人员的工作量，提高工作效率，防止记录被人为修改。

(3) 推进人员熟悉电子化管理体系

组织应通过培训等方式，推进员工熟悉电子化管理体系运行环境和业务流程，掌握以下知识和技能。

① 信息平台、管理体系、数据库、电子化管理体系等的维护方针和程序。

② 明确使用者授权路径和要求，熟练利用办公自动化系统进行文件流转并生成记录/台账。

③ 熟练应用备份系统并对其有效性进行定期评审。

④ 熟悉并利用内部软件、外部软件、软件协议对管理系统或软件进行适当的更新。

⑤ 了解可能影响电子化管理体系运行的环境因素，如设备设施维护、温度、湿度。

⑥ 熟练利用互联网、电子邮件等进行信息交互和查询。

⑦ 熟悉并定期利用软件进行杀毒。

⑧ 熟练使用软件对过程运作进行监测和控制。

⑨ 熟悉网络、计算机等基础知识，掌握线上审查的工具和方法。

3.3.3　电子化管理体系建设应关注的问题

电子化管理体系并非简单采用电子版的管理体系文件，不再印发纸质文件，而是对组织的信息化基础和环境进行定位，对管理体系中的各过程进行梳理，分析管理体系文件流转、审批签发、人力资源、设备资源、服务实现等过程的控制流程或方法的变化，根据电子化造成管理体系运行方式的变化，对组织管理体系的总体策划相应进行改变。电子化管理体系文件和运行应既能满足组织内部管理的要求，又能满足组织与顾客的合同要求，还能满足管理体系标准和法律、法规的要求。电子化后的过程、文件、记录控制等应能提供满足审核(评价)要求的客观、充分的证据。建立实施安全和质量管理体系的组织需要重新定义质量管理体系过程，改变验证其符合性、有效性的评估方式。组织建立电子化管理体系时可对以下问题给予关注。

① 建立电子化管理体系并非改变基本的管理体系原则和方法,组织策划时不应抛弃以顾客为中心等管理体系的基本原则，应继续坚持过程方法、PDCA 等基本原理、方法。

② 电子化管理体系的适用范围不应减少,仍应涵盖管理体系标准要求的全部过程及相关的部门和岗位。

③ 管理体系文件的电子文件可以有很多文档格式。这取决于组织制作文件所使用的软件。这些软件，包括电子表格和数据库应被看作文件，属于控制要素，不能忽略。

④ 应对管理体系标准要求的文件评审、批准、发布、识别、作废、修改等文件控制要求给予响应，使文件控制流程满足日常办公和管理体系标准的要求。

⑤ 重视与外部沟通涉及的文件交换。若这些文件包含详细说明组织安全和质量管理体系运行的关键参数，则应增加这些文件在电子化管理体系中被正式导入和控制的程序。

⑥ 实施电子化后，对电子表格的控制要素不必与电子记录的控制要素相同。例如，在电子表格中，标识指对电子表格自身的命名，而在电子记录中，标识指对一个特定数据集电子表格的独特使用。在记录管理控制程序中应增加记录生成、销毁的速度、保持政策和相应的保存期限的控制。若所有的知识平台和业绩完全在电子记录中，还应增加电子媒介中信息的保护方法，对电子记录存储的控制进行验证，了解存储容量[1]。

⑦ 在管理体系涉及的资源配置中,应考虑是否配置了适宜的信息技术人力资源，评估如何规定对硬件和软件操作人员的能力要求；规定对信息技术平台系统维护政策和程序；明确如何应对系统故障停工事件的措施，要求是否有正规的备份系统，并定期对其进行充分性评审和测试。

⑧ 由于电子化沟通的可选择性，以及使用方便性在增加，应明确文件化管理体系描述的选择和使用方法，并确保其一致性。当局域网、电子邮件和即时信息得到利用时，应确保程序描述了这些方法和细节。若电子化沟通的结果满足审核标准，相应控制记录的政策和程序中应对此有要求。

⑨ 实施电子化管理体系后，组织将越来越依赖软件监视和控制。对电子化管理体系审核的可信性取决于审核(自我评价)员理解技术趋势的能力。对组织内部审核员，应提供培训来满足其在基础知识和技能方面的普遍和个别需求，包括可能影响管理体系运行的信息技术普遍发展趋势，每项审核任务在审核细节上需要考虑的事项，特殊情况应考虑聘请技术专家。

⑩ 需要注意的是，信息平台、系统的线上工作使组织面临网络安全威胁和易受外部攻击。远程员工处理组织中敏感性较强的数据资料时更是如此，应充分考虑组织信息平台和管理系统的安全性、可靠性和稳定性，制定必要的应急策略和保障措施。

参 考 文 献

[1] 冯继宣，李劲东，周武锋. 电子化趋势下企业质量管理体系文件控制研究[J]. 浙江档案，2010, (4): 30-31.

第 4 章　安全和质量管理体系实施与评价

4.1　安全和质量管理体系实施与关注事项

4.1.1　安全和质量管理体系实施阶段

完成安全和质量管理体系文件编制只是实施管理体系的第一步。安全和质量管理绩效的提升需要通过安全和质量管理体系有效实施来逐步实现。无论管理体系文件编制得如何科学、规范、合理，没有通过一段时间的有效实施，是很难实现预期效果的。

管理体系的实施步骤并没有一个固定的模式。管理体系文件编制完成后，组织可以根据自身的特点与实际，采取合适的步骤和方法推进管理体系实施。尽管不同管理体系的侧重点和组织具体情况有所不同，但管理体系实施基本步骤是类似的。管理体系实施步骤大体可分为以下阶段。

(1) 教育培训阶段

该阶段的主要任务是让员工理解组织的安全和质量管理方针与目标，了解管理体系文件的基本内容，包括安全和质量管理组织架构、管理体系文件架构、与本职岗位相关的职责与权限、沟通要求、工作流程、工作依据等。教育培训采取的方式包括组织集中宣讲、部门培训和讨论、员工自我学习、发放宣传手册等，可以通过测试来检查培训效果，结合管理体系文件发布会或工作动员会等方式形成一个安全和质量管理体系实施的氛围，让安全和质量方针、目标深入人心。

(2) 试验运行阶段

对一个刚刚建立管理体系的组织而言，员工对其不够熟悉，管理体系也未经过实践检验，为了能使其有效运行并发挥应有的作用，管理体系的试运行十分必要和有意义。不同管理体系标准对试运行阶段要求不尽相同，大多为试运行 3 个月并完成一次内部审核。

该阶段的任务主要包括验证管理体系文件的符合性、有效性、可行性、操作性，发现问题、改进工作，促进员工熟悉管理体系、树立规范意识，验证资源的充分性。

管理体系试运行阶段要重点做好以下工作。

① 加强管理体系教育培训。管理体系对组织全体员工而言是一个新生事物，应采取全覆盖、多层次、多方式进行管理体系的宣贯培训，使全体员工充分认识

到建立和完善管理体系的目的和意义，熟悉管理体系文件内容和要求，充分理解安全和质量管理方针、目标，统一思想和认识，主动适应新的管理模式，严格遵守管理体系文件要求。

② 主动发现和提出问题。通过试运行会发现管理体系文件存在的问题。全体员工应主动发现问题，将问题和改进意见如实反映给有关部门，以便及时采取纠正措施，完善管理体系文件和相关工作。

③ 做好记录。记录/台账是活动的结果，也是管理体系有效运行的客观证据。记录/台账通常以表格化为主要形式，还包括报告、实样、图片、录音、视频等形式。记录记载要清晰、完整，不得随意更改。记录的贮存条件应可靠、安全，防止损坏、变质或丢失。记录未经批准不得复制、销毁。

④ 加强监测。组织的管理和经营活动一般都有一定的周期，管理体系试运行的时间一般很难包括组织所有的管理和经营活动，但组织应在试运行期间尽可能对涉及的过程进行监测，利用管理体系中的各类检查、审核、评审、测量等活动收集组织管理和经营活动的数据、信息，为相关管理和决策提供数据或证据支持。

(3) 修改完善阶段

该阶段的目的是解决试运行阶段发现的管理体系文件内容、人员行为、人员配备、管理资源配置等方面的问题，为管理体系正式运行打好基础。根据管理体系试运行阶段发现的问题，重点解决管理体系文件存在的与实际情况不符、操作性不强等问题，对管理体系文件进行修改完善。同时，也应对试运行阶段发现的人员遵守管理体系文件规定不自觉、不严格，资源配置不合理、不充分等情况进行改进。

(4) 正式实施阶段

该阶段标志着管理体系进入正式运行，对组织安全和质量管理各项活动进行控制以实现安全和质量目标。通过发布修改完善后的安全和质量管理体系文件，就试运行阶段发现的问题和改进情况进行培训或说明，全体人员开始按照管理体系文件要求开展各项安全和质量管理活动，努力实现安全和质量管理目标。

(5) 持续改进阶段

该阶段目标是改进和完善安全和质量管理体系，以便其更有效地控制各项活动，更有效地促进安全和质量目标实现。通过内部监测、外部评价等活动可以发现安全和质量管理方面存在的问题，并及时分析原因，针对性地采取纠正措施，不断完善安全和质量管理体系，提升安全和质量管理绩效。

对于内部需求或外部环境变化，也需要进行分析，了解需求和环境的变化对组织的影响，当确定需要对管理体系进行变更时，应进行变更策划。

以上五个阶段并无严格的分界线，每个阶段持续的时间也无具体规定。组织可以根据每个阶段目标任务的进展情况决定何时进入下一个阶段。

4.1.2　实施管理体系注意事项

① 充分认识安全和质量方针的地位。安全和质量方针作为纲领性文件在整个管理体系中具有不可替代的重要作用，是组织发展的宗旨和方向，也是组织完成工作任务的终极目标，一般具有“与组织宗旨相适应”“对持续改进的承诺”“遵守法规的承诺”“为目标制订提供框架”的属性。尽管方针内容文字不多，但具有高度的概况性、准确性和前瞻性。全体员工应充分认识安全和质量方针的地位与作用，认真理解其内涵，在思想上统一到安全和质量方针的内涵上来，为管理体系的实施和管理绩效的提升打下良好的基础。只有这样，才能在行动上主动遵守和实施管理体系各项要求。

② 认真领会管理模式的精髓。科学的管理模式是有效实施安全和质量管理的前提。纵观管理体系标准要求，归根结底还是过程控制与目标管理相结合的模式。在明确安全和质量方针，合理确定安全和质量目标的前提下，对工作的每一个环节形成一个局部的循环，再由一系列相关的局部构成不同的控制功能模块，由全部模块形成系统，以实现对组织行为的系统控制与管理。每次 PDCA 循环由局部到整体的实施过程，既是一次工作任务的完成过程，也是一次自我改进、自我提高的过程。通过对安全和质量目标完成情况的测评过程，对管理体系运行效果进行检验，对检验的结果经过科学分析，通过管理评审等方式提出组织新的安全和质量目标，进入下一轮的循环过程，从而以螺旋上升的方式不断改进组织的管理能力，提升安全和质量水平。

③ 处理好管理体系建设与文化建设的关系。管理体系是通过确定方针目标、建立工作标准，并要求员工严格按照这些标准开展活动，持续改进管理工作并不断提升顾客的满意度。管理体系建设的特点是制度建设，通过制定标准化流程和要求对工作进行过程控制，突出的是操作的规范性和稳定性。工作流程和要求不会因人而异，无论谁做这项工作，每次实施操作都要严格按照管理体系文件要求进行。管理体系建设强调的是工作的标准化和遵章守纪意识，在具体操作层面不鼓励随意发挥想象力和任意进行创新。

组织文化是组织信仰、价值观、原则等一系列要素的总称。组织文化是组织的灵魂，是推动组织发展的不竭动力。通常，组织文化是隐含的，没有明确定义，并且随着时间的推移从组织员工的累积特征中有机地发展。组织文化建设的内容主要包括物质层、行为层、制度层和精神层，是通过各种活动并经过长期的凝练，在组织内部形成的特有价值观念、群体意识，员工具有共同的组织理念和行为准则。文化建设强调组织的意识和精神层面的共识，以及员工的精神境界和行为规范。

管理体系建设和文化建设二者目标一致，都是为了提高员工的工作能力和水平，在实现共同目标的方法或路径上，有物质层面和制度层面建设的共性，也有行为上的刚性和精神层面的柔性的区别。二者为了一个共同的目标，采用不同的路径和方法，起到互相促进和互相补充的作用。员工的安全和质量意识，既可以通过管理体系的制度建设形成，也可以通过组织文化建设养成。

④ 正确理解持续改进。一项活动始于合理策划和认真落实，活动结束后对结果进行检测和分析，并与预期目的比较，形成有效改进的措施，应用于下次活动，以不断提升工作效率和完成质量，这就是持续改进的含义。持续改进是为了消除存在的问题，提升管理绩效，这与执行管理体系的规范性和严格性目标一致。

⑤ 自我完善与可持续发展。内部审核与管理评审是管理体系建设与运行中实现自我完善与自我发展的重要环节。内部审核实施的意义在于验证组织活动和有关结果的符合性，确定管理体系的有效性、过程的可靠性和产品的适用性，评价达到预期目标的程度，确认改进的机会和措施。内部审核应将重点放在发现问题和解决问题，更关键的是对审核结果的运用。管理体系的运行通过 PDCA 过程的实现、内部审核的组织、纠正措施的制定与落实及管理评审的决策，有效地实现自我完善和自我发展的目的，体现安全和质量管理体系具有自我发现问题、自我改进、实现可持续发展的作用。

4.1.3 实施管理体系对员工的要求

(1) 明确岗位要求

有效实施管理体系对组织员工提出一些共性的要求，例如熟悉并理解本组织的安全和质量方针，熟悉所在部门和本岗位的职责和权利，清楚本岗位工作须遵守的文件，严格按照这些文件规定开展工作，并做好记录。此外，针对不同岗位也有一些个性化的要求。

① 对最高管理者的要求。最高管理者对组织各项工作的开展具有决定和支配作用。最高管理者应充分认识管理体系建设对组织安全和质量管理绩效的提升作用，积极领导和推进管理体系建设和运行。最高管理者需要确定管理体系范围和组织框架，设立管理体系工作所需的管理部门、岗位并确定职责与权限，确立内外部沟通途径，为员工提供良好的工作环境，为各项工作，特别是管理体系建设配置充分的资源，积极推进管理体系建设和运行工作，组织制定安全和质量方针和目标，定期组织开展管理评审活动，根据评审情况，推进管理体系持续改进。

② 对管理者代表的要求。管理者代表(指定人员)是最高管理者在组织内领导层指定(专门授权)的人员，负责协助最高管理者具体领导和推进管理体系建设和实施。虽然有的管理体系标准并未强制要求设立管理者代表，但多数组织为了更好地推进管理体系建设和实施，都设立了该岗位。管理者代表具有上传下达的纽带作用，同时在管理体系建设与实施工作中又担负特殊的职责。

管理者代表的职责主要包括组织与监督管理体系的建设、实施与改进；管理体系建设与实施过程中各部门之间的工作协调；确保在整个组织内提高满足顾客要求的意识；直接向最高管理者报告管理体系业绩和任何改进需求；管理评审准备工作和内部审核组织工作；进行管理体系文件审核；组织开展教育培训活动，不断提升员工安全和质量意识；负责有关管理体系内外沟通、协调，组织开展内部管理体系监测，配合做好管理体系外部评审。

管理者代表一般应具有相关专业的高级(专业)管理人员资质和管理体系评审员资格，具备较强的领导和组织协调能力，了解相关的法律、法规、规章、规范和标准要求，熟悉组织管理机构及运行情况，熟悉组织业务开展情况及安全和质量状况，熟悉组织管理体系文件符合性和有效性，熟悉内外部审核工作程序和要求。

③ 对部门主管的要求。部门主管是组织的关键力量，在管理体系建设和实施中具有重要作用，应充分理解安全和质量方针、目标，熟悉本部门安全和质量职责，熟悉相关管理体系文件要求，熟悉本部门与相关部门工作接口，明确对本部门员工的工作要求，掌握本部门的安全和质量工作情况。

④ 对文件管理人员的要求。对文件管理人员的要求主要包括理解安全和质量方针、目标，熟悉所管理的文件范围和文件管理的程序，掌握文件的有效性和修改情况，熟悉文件的归档流程和要求，随时可出示所需的文件(包括记录)。

⑤ 对其他员工的要求。对其他员工的要求主要包括理解安全和质量方针、目标，熟悉本岗位职责，熟悉组织的管理体系文件，以及本岗位的工作程序和要求，熟悉工作依据的文件，按照管理体系文件要求做好本岗位工作并做好记录/台账。

(2) 做好内部沟通

沟通是重要的管理方法，也是组织管理和业务开展不可缺少的活动。管理体系所指的沟通指个人或组织之间通过语言(口头或书面)相互传递信息的过程。组织建立管理体系时需要对沟通的职责、内容、途径、实施等内容进行规定，从而确保沟通过程持续受控。

组织的最高管理者为了推进管理体系的符合性和有效性，应在组织内部建立如下有效的沟通渠道，确保对管理体系的有效性进行沟通。

① 进行安全和质量方针、目标、要求(顾客要求，法律、法规要求，职责权限、工作要求)沟通。使全体员工明确并理解组织的工作目标、组织的对外承诺，进而在组织内部形成共同的价值观，使每位员工清晰自己的工作目标，明确努力方向；让员工理解组织顾客对产品或服务的要求，有利于在产品或服务实现过程中满足，甚至超越顾客需求。同时，通过沟通使员工明确岗位职责、工作权限、工作要求；知悉与本组织产品或服务实现过程相关的法律、法规、规章、规范、标准、国际公约等要求，甚至包括隐含的文化、宗教、风俗习惯等潜在的要求，以便满足顾客需求。

② 进行过程结果的沟通。主要包括对方针目标实现结果、监视测量结果、工作效率、改进效果进行沟通。对过程结果的沟通是实施管理体系注重过程控制的集中体现，也是持续改进活动测量与反馈的主要手段。及时的过程结果沟通不仅可以提高组织工作效率，及时发现与纠正错误，还能为组织的每一次局部策划和系统策划提供输入。

③ 进行建议和意见的沟通。使组织领导层及时了解员工诉求、员工期待、合理建议，进行科学合理的决策。

(3) 重视外部沟通

外部沟通主要包括与顾客沟通、供方沟通和管理机构沟通等。

① 与顾客沟通。顾客是组织的服务对象，是组织产品的用户。与顾客的沟通是吸引顾客，了解顾客需求，了解产品或服务满意度极为重要的方式，同时也是建立顾客忠诚度的重要渠道。顾客沟通是组织与顾客之间双向活动的过程，主要围绕产品和服务开展。沟通的内容主要包括产品和服务信息，产品使用、维修和保障的需求，产品和服务质量问题的处理，产品和服务质量或改进建议的反馈信息，顾客或供方财产丢失、损坏或不适用的处理结果，对顾客提出的管理体系及其过程的特殊要求的处理结果，对顾客反馈、抱怨或投诉实施改进的处理结果，问询、合同或订单处理结果，顾客要求或应征得顾客同意的活动的执行情况，涉及组织或顾客重大利益、产品和服务发生重大安全或质量问题，安全和质量事故的紧急处置情况，其他与管理体系有效性相关的信息。

② 与供方沟通。管理体系强调与供方的互利关系，与供方沟通的目的是确保外部提供的过程、产品和服务符合要求，是与组织稳定提供满足顾客要求和法律、法规要求的产品和服务能力相统一的核心环节。其沟通的内容主要包括需外部供方提供的过程、产品和服务的文件要求，产品和服务、方法/过程，设备、产品和服务放行的批准文件等。

③ 与管理机构沟通。管理机构指组织的上级组织或安全和质量管理机构，承担对组织进行安全和质量管理工作的监督管理、业务指导等职责。与管理机构沟通的内容主要包括对组织建立和保持资质条件的要求、对组织进行日常监督管理的要求、管理体系审核评价等。通过与管理机构沟通，组织可以了解各项管理要求或活动，进行对应的活动，配合做好各项外部监测、管理工作，保持组织的资质条件，保证日常运行满足要求。

(4) 把握管理体系的基本原理

管理体系的基本原理可以概括为“该说的要说到，说到的要做到，做到的要做好记录”；过程控制与目标管理相结合；发挥领导作用，强调全员参与；以顾客为焦点，持续改进等。

① “该说的要说到”指一个组织对所有可能影响安全和质量的组织活动都必

须通过文件(包括电子载体文件)予以明确和规定，为这些活动的开展提供明确的依据或规范，为评价或监测这些活动开展的有效性、规范性提供衡量/判别标准。

"说到的要做到"指对于管理体系制定的活动标准要求必须得到有效执行。任何人不得擅自修改规定的活动程序和执行方法，对于不适合的规定或方法经过明确的程序确认修改后，方可纳入管理体系文件并替代原规定。

"做到的要记录"指按照管理体系文件规定开展的活动在活动完成后应以规定的方式予以记录，明确活动的结果和证据，为评价管理体系的有效性提供依据。

② 过程控制与目标管理相结合。目标管理强调的是制定安全和质量目标，对目标实现情况进行监测和评价。该方法的优点是员工可以根据具体情况、发挥自身的特点来实现目标，工作灵活性较强。如果员工的工作存在问题，不能及时被发现，会造成工作改进的迟缓并造成较大损失，管理风险相对较高。过程控制强调的是明确过程的程序，并要求员工严格按照程序开展工作。该方法的优点是能够及时发现员工工作中的问题并及时纠正，不会造成大的损失；缺点是工作灵活性不够，员工积极性和主动性发挥不足。二者的最终目标是一致的，不存在冲突和矛盾，应充分发挥二者的优点，尽量消除各自的劣势，从而实现组织管理绩效的提升。

③ 处理好领导力和全员参与的关系。安全和质量管理体系强调最高管理层的参与和推动，注重发挥领导力的作用，明确要求最高管理层直接参与管理体系活动，组织制定安全和质量方针、目标，推进管理体系实施。但仅仅有领导推动是远远不够的，组织的各项活动需要全体员工参与才能完成，所以还要重视全员参与，要求每名员工深入管理体系的建设、运行和改进活动中，使每个员工都有较强的安全和质量意识，保证管理体系各个环节的顺利运行。

④ 以顾客为关注焦点，持续改进。顾客是组织生存和发展的依托，组织全员应充分认识到顾客对组织的重要性，积极了解顾客需求，并根据环境的变化和顾客的需求持续改进工作，提高顾客的满意度。

4.1.4　实施管理体系容易出现的问题

① 组织最高管理层认知模糊。有的最高管理层人员对于管理体系不够重视，往往将管理体系工作停留在文件表面，只注重文件的形式而忽略管理体系的运行和效果，形成"两张皮"的现象；有的人员片面理解管理体系的作用，急功近利，过度约束或以个人命令代替管理体系文件要求，导致管理效率低下、员工积极性降低、管理流程混乱、管理职责模糊。

② 机构设置及资源配置方面重建设、轻运行。有的组织在建设阶段设立管理体系的管理部门和岗位，投入必要的人力、物力和财力，但对管理体系运行不够重视，在管理体系通过外部评审后，没有建立持续的资源配置机制，管理部门或

岗位多以兼职的方式设置，导致专职管理人员缺乏、岗位职责落实不到位，影响管理体系的运行效果。

③ 管理者员工不能主动适应管理变化。对于刚刚建设并开始运行管理体系的组织，往往受传统管理习惯的影响，员工一时无法适应新的管理模式，不能充分认识管理体系带来的变化和意义，对于管理体系重视不够，习惯于原有的做法，没有严格按照管理体系规定开展工作，给管理体系的实施造成负面影响。加之部分员工对本岗位新建的工作程序、岗位职责不够熟悉，质量记录不及时、不规范，也使管理体系的效果不能充分体现。

④ 管理体系系统性不强。管理是一个调动各方积极性、综合运用各类资源、实现工作成果最优化的过程。有的组织在建设管理体系之初，由于缺乏经验，往往缺少必要的系统性设计，无法一次性制定完善的管理体系，导致管理体系要求仅停留在文件上，文件的要求与实际工作结合不紧密(脱节或不畅)，不同部门间的相互协调配合不流畅，甚至部门之间的职责权限划分不清、沟通交流不足，导致组织的工作和发展出现障碍。

⑤ 管理体系适宜性不够。有的组织在进行管理体系建设时，没有根据组织自身的特点、组织自身产品或服务的特质、经营和管理的过程明确和建立符合组织要求的管理职责框架和产品、服务实现流程，没有将管理体系的要求、管理体系的构成与组织的实际情况进行有机结合，没有把管理工作与业务工作相结合，导致管理体系工作与业务工作不能形成有机的整体。

⑥ 未能形成有效的持续改进机制。自我发现问题和自我纠正错误是实施管理体系带来的重要效益之一，也是管理体系有效促进组织管理水平提高、组织安全和质量绩效提高的重要手段。对于刚刚建立管理体系的组织，理应按照标准要求开展内部审核、管理评审、数据监测、风险分析管理等活动，由于缺乏经验、对管理体系的精髓认识不到位，对管理体系方法运用不足，没有真正发挥持续改进对加强管理、提高效率和效益的作用，无法形成全员、全要素、全过程的改进机制和改进氛围，使得相关工作仅仅是走过场，改进工作难以系统、有效地开展，无法真正起到螺旋上升的持续改进作用。

4.2　安全和质量管理体系内部监控

管理体系运行中的内部监控主要体现在监视测量、分析评价、内部审核和管理评审。对于已经建立并开始实施体系管理的组织，需要定期分析和评价管理体系，及时发现和找出现有体系中的薄弱环节和空白环节，并在此基础上不断完善体系设计，证实产品或服务要求的符合性，确保管理体系的符合性和持续改进管理体系的有效性。

4.2.1　监视测量与分析评价

(1) 监视测量

管理体系实施的监视和测量总体来说包括顾客满意度监视、过程的监视和测量、产品或服务的监视和测量、内部审核、管理评审。顾客满意度的监视包括顾客关于组织是否满足其满意度的相关信息、确定获取和利用这种信息的方法。监视顾客感受相关信息的途径包括顾客满意度调查、来自顾客关于服务和质量方面的数据、用户意见调查、流失业务分析、顾客赞扬、顾客索赔和经商报告等来源。过程的监视和测量应采用适宜的方法对管理体系的过程进行监视，并适用时进行测量。当发现过程未能达到策划的结果时，组织应采取适当的纠正和纠正措施。

产品或服务的监视和测量应验证产品或服务要求已得到满足。组织应依据策划的安排在产品或服务实现的适当阶段对产品或服务的特性进行监视和测量，保持符合接受准则的证据，指明有权放行产品或服务给顾客的人员。

开展监视测量分析，组织应首先确定需要监视和测量的对象、确保有效结果需要的监视、测量、分析和评价方法，实施监视和测量的时机，分析、评价监视和测量结果的时机。同时，组织还应评价安全和质量管理体系的绩效、有效性，并保留形成文件的信息，作为结果的证据。

监视测量方法从严格意义上说没有固定的模式和要求，只要能够获取必要的信息即可。常用的监视测量方法有问卷调查、顾客反馈、座谈交流、委托调查、电话咨询、网络信息收集、接受投诉等。收集数据的范围主要包括安全和质量目标的实现情况、绩效考核结果、研发成果、产品或服务开发的结果、顾客与其他相关方满意度调查、产品或服务销售信息、售后评价、相关供方及其合作效果的评估、供方评价、资源需求(人力资源、基础设施、财务资源、信息和技术资源等)、法律、法规、政策和其他要求变化可能带来的影响、新产品的需求、内部审核、外部审核、专家评估的结果、过程与产品监视和测量的结果、风险评价的结果、不合格品等。

(2) 分析评价

组织应建立对通过监视和测量获得的适宜数据信息进行定期分析评价的机制，并利用分析评价结果验证管理体系的实施效果、产品、服务的安全和质量。分析评价结果的利用主要体现在产品或服务的符合性、顾客满意程度、管理体系的绩效和有效性、策划是否得到有效实施、针对风险和机遇采取措施的有效性、外部供方的绩效、管理体系改进的需求。

4.2.2 内部审核

(1) 内部审核的特点

审核可以分为内部审核和外部审核,也可以分为多管理体系审核或联合审核。

有的管理体系称这种审核活动为评价，本书对审核和评价不做严格区分。

内部审核有时称第一方审核，由组织或以组织的名义进行，主要是检查管理体系的符合性，确定管理体系是否有效、连续运行。内部审核结果可用于管理评审和其他内部目的，可作为组织自我合格声明的基础。内部审核由审核员组成的审核组具体实施。管理体系审核活动具有客观性、独立性和系统性的特点。

① 客观性指审核活动无论审核准则、审核范围、审核内容，还是审核结论必须以相关文件为依据，不能以审核员的个人好恶决定。审核发现和审核结论必须以客观证据为基础，不能被证实的信息不可作为审核证据。

② 独立性指审核员必须与接受审核的部门或岗位无直接责任和利益关系,能够不受任何外部因素影响、独立地开展审核活动。

③ 系统性指每次审核活动必须有系统的策划，并体现审核的全覆盖。

组织应按照策划的时间间隔进行内部审核，以提供管理体系的相关信息。这些信息主要包括相关活动是否符合组织自身的管理体系要求、管理体系标准的要求，以及管理体系是否得到有效的实施和保持。

组织应依据有关过程的重要性，对组织产生影响的变化和以往的审核结果，策划、制定、实施和保持审核方案。审核方案应包括审核频次、方法、职责、策划要求和报告；规定每次审核的审核准则和范围；选择可确保审核过程客观公正的审核员实施审核；确保相关管理部门获得审核结果报告；及时采取适当的纠正和纠正措施；保留实施审核方案，以及审核结果证据形成的文件。

内部审核是对过程进行检查的有效管理工具，有利于完善自我管理、自我约束机制，促进管理体系的持续改进。内部审核是管理体系正常实施的需要，有利于组织及时发现问题并进行改进，促进管理体系有效实施，加强安全和质量意识，为外部审核做好准备。

(2) 对审核员的要求

审核活动针对的管理体系或管理活动因受审核组织的不同而显得复杂和多样。审核员在收集审核证据、形成审核发现等方面需要发挥自身的知识和技能。审核过程中人(审核员)的因素起着至关重要的作用。审核员的能力决定了人们对审核过程的信心，也决定了审核结果的可信度。审核员通常应具备良好的个人品德、扎实的审核知识和技能、充分的专业知识和技能。

审核员素质和能力的高低是影响组织内部审核活动开展水平的重要因素之一。审核员一般应具有相应的资历和知识背景，同时经过组织的任命。对审核员的要求主要包括思路开阔、成熟，有很强的判断和分析能力，看问题客观公正，坚持原则；了解审核程序、方法和技巧；熟悉组织机构情况和管理体系文件；熟悉相关的法律、法规要求；熟悉安全和质量管理的原则和技术，了解作业过程、产品和服务；遵守审核要求；参与制定审核活动计划，编制检查表，并按计划完成审核任务；将审核发现整理成书面资料，并报告审核结论；验证由审核结果导致的纠正措施的有效性；配合和支持审核组长的工作。

审核组长的条件在通用知识和技能方面与审核员基本相同，但在专业知识和技能，以及组织、协调能力等方面的标准更高。

审核组长全面负责各阶段的审核工作；协助选择审核组成员；制定审核实施计划、起草工作文件、给审核组成员布置工作；向受审核方报告关键性的不合格(不符合)情况；报告审核过程中遇到的重大障碍；对审核工作的开展和结果作出最后的决定；提供清晰、明确的审核结果；代表审核组与被审核方进行沟通，处理审核过程中出现的意外情况。

(3) 内部审核的一般程序

内部审核一般分为审核策划、审核准备、现场审核、审核发现问题的处理等阶段。

① 审核策划阶段。分管管理体系的领导组织具体承担管理体系日常管理职责的部门进行审核策划。其主要任务是确定审核时间、审核组成员、审核(实施)计划等。一般情况下，内部审核可以一次性实施，也可分成若干次实施。内部审核每年至少举行一次，或者根据管理体系文件的规定，在出现重大不符合、重大投诉或组织管理模式发生改变等情况下增加审核频次。

对于每年一次性实施内部审核的，审核计划的范围应涵盖所有管理体系内的部门及活动；对于每年分若干次实施内部审核的，一般是先制定年度审核计划，确定每次内部审核的时间和范围(对象)，分若干次完成审核。每次到达年度审核计划确定的审核时间时，再根据年度审核计划制定每次的审核(实施)计划，确定审核组成员、审核范围、审核安排等。

管理体系标准对于审核计划没有固定格式。审核计划一般包括审核目的、审核范围、审核依据(准则)、审核组成员及分工、主要审核活动的时间安排、首末次会议时间等事项。审核计划经分管领导审批后发布。审核计划可按部门或活动来编写，具体内容应与组织的规模和复杂程度相适应，在考虑对产品或服务实现过程和支持过程覆盖性的同时，应注意有所侧重。

② 审核准备阶段。专职管理部门或岗位的准备工作包括发布审核通知、为审核组成员提供审核所需的文件和信息、首末次会议准备、安排交通和通信等审核保障事务。此外，还可根据组织安全和质量管理工作情况，向审核组提出审核重点和注意事项，布置对不符合项纠正完成情况的验证等任务。审核员根据分工编

制现场检查清单。

③ 现场审核阶段。现场审核是使用抽样检查的方法寻找客观证据的过程，审核员可以使用访谈、询问、座谈会、问卷调查、观察、设备或活动检查测试、查看文件和记录等方法。审核员主要依据现场检查清单进行现场审核，对发现的初步线索进一步深入寻找证据。对未列入现场检查清单，但是在现场发现的线索也应深入进行检查以获取审核证据。

现场审核时，审核员个人素质、审核策略应用和技巧的发挥非常关键，审核员应事先对受审核部门的人员和职责、工作开展情况、管理体系文件相关要求进行了解，充分的准备和信息掌握对于提高审核效率十分重要。

审核员应坚持客观、公正的原则，营造良好的审核氛围，以发现的客观事实和审核准则为依据进行判断，防止主管臆断，避免居高临下式的说教和指责。

审核员应注意把握时间和进度，按审核计划进行。对现场审核中发现的审核证据要在与对方沟通后及时固定证据，包括被审核方现场确认和签字。

④ 审核发现问题的处理阶段。现场审核发现的问题一般应通过审核组内部会议进行交流、商议，以便确认证据和审核准则的对应性，统一尺度、突出重点、把握审核标准的整体均衡。

审核发现的问题应根据管理体系文件关于内部审核的规定做出结论，并以审核报告、不符合项报告、口头或问题(建议)清单的方式告知受审核方。

不符合项报告是对审核中发现、经受审核方确认的不符合事实的陈述，是审核组提交给有关机构和受审核方的正式文件。不符合项的类型包括文件不符合、环境或设施设备不符合、人员不符合、操作不符合和其他与审核准则要求不符合的情况。不符合项报告要做到陈述事实客观、清楚，对应的审核准则准确，结论得到受审方确认。内部审核的不符合项报告格式、发放方式和范围由组织管理体系文件规定。

审核报告是审核组完成审核工作必须编制的文件，由审核组协商后编制，主要内容包括审核目的、范围、时间、依据，审核组成员，审核概况，发现的问题和优点，审核建议和结论等。审核结论应在所有审核发现汇总分析的基础上作出，充分考虑安全和质量方针、目标实施的有效程度；管理体系的适宜性、有效性、充分性；产品和服务满足用户要求，以及法律、法规要求的能力等。

内部审核报告的格式、发放方式和范围按照组织管理体系文件规定执行。

内部审核以末次会议结束为标志。末次会议由审核组主持，主要任务和内容包括介绍审核情况、审核发现、宣读审核报告、提出纠正要求、受审方领导表态。末次会议应重点介绍发现的问题、提出纠正建议和要求，受审核部门领导表态及管理者代表提出要求等。

(4) 提高内部审核效果的途径

内部审核效果的好坏与组织的重视程度、策划水平、审核员业务素质等多方面因素有关。策划开展内部审核首先要提高对内部审核的认识，把握审核实质，充分利用和发挥内部审核自我监测的独特作用，抓住审核的核心问题，利用好内部审核的结果。其归结起来主要有以下几个方面。

① 周密策划。审核计划制定部门应根据受审核部门的职责范围，结合安全和质量工作重点或以往发现的问题，确定审核的重点内容，合理安排审核员和时间(计划)。这些都是保证审核顺利进行的基础。

②认真准备。审核员应根据分工认真研究相关的管理体系文件要求，了解被审核单位的基本情况。

③ 适当抽样。审核过程是抽样检查的活动，不可能对受审核部门的所有活动和岗位逐一检查，所以适当抽样更显得重要。审核员要充分了解受审核部门或岗位的职责范围，合理编制审核检查表，选取有代表性或对安全和质量工作影响重大的关键活动和岗位进行检查，要兼顾全面和重点两个方面。此外，以往内部监测发现的问题也可作为检查的重点。

④ 正确使用检查表。审核时不要轻易偏离检查表，以保证审核工作有序地按计划进行，但同时要注意灵活应用，不要机械地受检查表的束缚，要根据现场审核的具体情况进行适时调整，对发现的重要线索，应进一步进行深入检查。

⑤ 少讲、多看、多问、多听。信息是通过看、问、听获得的，审核员要积极引导受审核方提供信息，防止将时间花费在教育和讲解方面，避免与受审核方发生争执。

⑥ 注意提问技巧。审核员必须懂得不同问题的本质、目的和用途，要准确地提出问题，掌握不同情况下运用不同提问方法的技巧，根据受审核岗位职责及承担的具体工作选择合适的提问方式才能得到期望的信息。

要将封闭式和开启式问题结合运用。封闭式问题可以用“是”、“否”、“有”、“无”等简单的词来回答，可得出明确无误的答案，但信息量少。开启式问题需要受审核方进行详细地解释或说明，信息量大，但占用时间较多。审核时一般以开启式问题开始，然后提出封闭式问题。

⑦ 提问与查看相结合。提问时常问及工作依据及遵守情况，因此在提问的同时审核员要查看记录，观察现场。使用此方法时，应注意避免受审核部门出示记录后，审核员只顾埋头阅读记录而中止提问。

4.2.3　管理评审

管理评审指由组织最高管理者按照策划的时间间隔和程序对组织的管理体系进行评审，主要是对评价管理体系的适宜性、充分性和有效性，提出持续改进的需求。一般每年至少举行一次，也可根据管理体系文件的规定，在出现重大不符合项、重大投诉、重大安全和质量事故，或者组织管理模式发生改变等情况下增加举行的频次。

管理评审也是安全和质量管理体系内部监测和内部沟通的重要手段。一般采用会议方式，参加人员包括组织最高管理层、中层领导，以及具体负责管理体系管理的人员，也可根据需要安排其他相关人员参加。

管理评审的输入主要有以往管理评审所采取措施的实施情况；与管理体系相关的内外部因素的变化情况；顾客满意度和相关方的反馈；安全和质量目标的实现程度；过程绩效，产品或服务的符合性；不符合纠正情况；监视和测量结果；审核结果；资源的充分性；应对风险和机遇所采取措施的有效性；管理体系改进的机会。

管理评审的输出一般包括对管理体系适宜性、充分性和有效性的评价；管理体系改进的机会；管理体系所需的变更；资源需求；对方针、目标改进的决定等。

需要注意的是，有的组织在进行管理评审时，没有把握管理评审的目的和实质，而是将管理评审变成内部审核的末次会或总结会，把焦点集中在内部审核发现的问题及改进措施上。这种仅用管理体系内部审核的结果来评价管理体系是不充分的，还应考虑其他形式的内部监测和测量分析结果、外部投诉和外部审核的结果等信息。

4.3 安全和质量管理体系外部审核

4.3.1 外部审核及作用

外部审核即通常所说的第二方审核和第三方审核。第二方审核是由组织的相关方，如顾客或其他人员以他们自己的名义进行的评审。第三方审核是由外部独立的审核机构进行的，典型的审核方为符合管理体系标准要求的认证/审核/评价机构。本书对此不做区分，统称为审核机构。

外部审核是由第三方组织实施的对组织建立的管理体系是否符合标准规定要求而提供的书面保证活动，是从受理申请到初次审核、发证、证后监督，乃至中间或年度审核、换证审核及停止证书的全过程。

一个组织在建设并开始实施管理体系后，为取得运行管理体系的外部证明，获得管理体系证书，需要向有关审核机构提出正式申请。通过审核并获得管理体系证书的意义主要体现在获取由审核机构签发的管理体系证书，作为对外证明实施管理体系的证据；促进组织内部管理的系统化、规范化和法制化，确保产品或服务在安全和质量上的稳定性；提高组织的知名度，形成品牌效应，提高组织的社会形象，增强顾客信赖度，提高产品和服务的市场竞争力。

4.3.2 外部审核申请与策划

(1) 审核机构选择和申请

依据水路运输系统管理体系相关管理规定，不同的安全和质量管理体系规定了审核机构的条件和清单。建立水路运输系统管理体系的组织应根据行政管辖权限和业务系统划分向审核机构提出申请。

管理体系标准规定组织在初次建立管理体系后一般需要至少运行3～6个月，期间需不断地完善和改进管理体系，至少完成一次全覆盖的内部审核和管理评审方可申请外部审核。初次审核申请提交的材料一般包括申请组织名称、机构性质、法人证书、营业执照或组织机构代码证书、组织概况、组织业务应具备的软硬件条件、组织申请审核的业务范围、组织关于管理体系建立与运行的基本情况、管理手册及必要的文件和运行记录、内部审核报告、管理评审报告等。

管理体系标准对组织管理体系实施后的年度审核、中间审核、换证审核、附加审核的申请，以及申请时间、提交材料和方式做了规定。提交材料的内容比初次审核要求简单，主要是提交组织或者管理体系文件变化情况、管理体系内部审核报告、管理评审报告等材料。

(2) 外部审核策划

审核机构接到申请后，对申请材料进行审查，满足要求的，安排审核组成员，制定审核方案(初步计划)，在规定时间内通知审核组成员和受审核单位；申请材料不满足要求的，审核机构在规定的时间内回复并说明理由。

审核机构应根据受审核组织的业务性质尽量选择具有相关专业背景和知识结构的审核员。审核组成员搭配应考虑专业、经验、年龄等结构的合理性、互补性，并遵循回避原则。审核组一般由至少3名有资格的审核员组成。审核时间视被审核组织的规模、审核种类、审核组人数等情况确定。

4.3.3 外部审核准备

(1) 审核组的准备工作

审核组成立后，审核组长应组织召开审核组内部会议，沟通审核工作，制定具体的审核计划。审核计划一般包括审核目的、依据、对象、范围、审核组成员分工、时间和审核对象安排等。审核计划应使用管理体系标准规定的格式，经受审核方确认后报审核机构。

审核组制定审核计划时应考虑以下几方面情况。

① 在确定部门或岗位审核时间分配时，可根据受审核方部门或岗位的职责权限、数量、地理位置分布等情况进行安排。根据部门或岗位的职责或承担的活动

选择重点部门和岗位，在审核时间有限的情况下，可将审核时间更多地分配到这些部门或岗位。

② 在确定文件审核和现场审核时间分配时，可以审核种类、受审核方管理体系文件等的变化情况为主要考虑因素，对于初次审核、受审核方管理体系文件发生较大变化等审核任务，应保证安排充分的时间进行文件审核；对于中间(年度)审核、管理体系文件未进行较大变化的审核任务，可将时间更多地分配给现场审核。

③ 在确定审核员分工时，应根据审核员的专业资历、审核经验，以及受审核部门或岗位的性质和重要程度选派合适的审核员。

审核组应与受审核方建立沟通联系渠道，确定联系人和联系方式，沟通审核流程、会务，以及交通等后勤保障事宜。

审核组内部应商定联系方式、沟通机制和工作模式。

审核组应与审核机构保持联系，与其派出的代表沟通审核流程，了解受审核方在安全和质量管理体系运行、投诉处理、日常监督检查等方面的信息，为审核组获取更具针对性的参考信息。

(2) 审核员的准备工作

① 熟悉受审核方的情况，包括自上次外部审核(或近 3～5 年)以来安全和质量业绩状况，组织机构及运行情况、以往外部审核或其他外部检查的结果、内部审核及其他内部监测的结果、管理体系文件变化情况。

② 准备和熟悉审核准则，明确审核依据。

③ 准备电脑、纸张、笔等办公用品，试用打印机等设备。

④ 了解受审核方各部门地理位置，掌握交通方式和时间。

(3) 受审核方的准备工作

① 为审核组提供必要的文件、办公用品和设备，根据现场审核的需要准备安全防护用品，为审核组现场审核准备交通工具和联络、陪同人员。

② 按照常态开展工作，保持管理体系连续运行。为了更高效地配合审核组的工作，组织的相关人员应与审核机构和审核组保持联系，确认审核计划并及时在组织内部发布。此外，相关人员还应熟悉管理体系文件要求，做好必要的记录汇总与准备。

4.3.4 外部审核实施

审核组完成上述准备工作后，即可按照审核计划实施审核。

(1) 文件审核

文件审核是管理体系审核的重要步骤，是确定管理体系文件是否符合管理体系标准和相关法律、法规、规范和标准的主要活动，也是确定管理体系文件对组织安全和质量管理过程控制适宜性的主要活动。文件审核一般包括以下步骤。

① 各审核员分头进行文件审核，主要对受审核方管理体系文件内容进行审核。对于发现的问题可先记载在审核员的文件审核记录中。

② 审核组召开内部会议交流与汇总文件审核情况。审核员分别汇报文件审核发现的问题。对于审核组内部形成共识的问题可待后续与受审核方沟通后确定；对于审核组内部有争议的问题可由审核组长最终决定，或待现场审核与受审核方沟通后再下结论，或由审核组长决定。

③ 审核组与受审核方进行沟通。参与沟通的受审核方代表应为具体负责管理体系工作的领导和专职管理人员。审核员分别介绍文件审核发现的问题，受审核方对不认可的问题可以解释，双方沟通后达成共识。

④ 审核组召开内部会议，确定初步文件审核结论。

如果出现文件审核结论不通过的情况，审核组向审核机构报告后，应告知受审核方结果并结束审核工作。

(2) 现场(活动)审核

文件审核通过后，审核组可以进入现场审核阶段。现场(活动)审核一般采用访谈、召开座谈会、查看文件、观察活动或环境、观测设备设施等方式，检查受审核方安全和质量管理活动开展情况是否符合管理体系文件或其他审核准则的规定，验证管理体系运行能否有效支持既定管理目标的实现，评价管理体系持续改进的能力。

现场审核开始前审核员一般应先编制现场检查清单。现场检查清单的作用是为审核员提供一个现场检查大纲或备忘录，并记录现场检查发现的客观证据。编写现场检查清单的过程实质上就是确定现场检查样本的过程。现场审核受到审核员人数和审核时间的限制，不可能对受审核方所有的岗位和活动进行检查，只能进行抽样检查。审核员可根据文件审核的情况，以及收集到的各种信息，发挥自身的专业特长和审核经验，确定抽样检查的样本，并列入现场检查清单。检查样本的确定要考虑全面性和重要性两个方面，既要覆盖受审核方主要的安全和质量管理岗位和活动，又要有侧重点，这样才可能在有限的时间内充分获得评价管理体系运行符合性、有效性的客观证据。

现场审核一般包括以下步骤。

① 首次会议。首次会议是现场审核的开始，一般由审核组主持，参加人员包括审核组全体成员、受审核方领导层及主要部门负责人或负责管理体系实施的岗位人员，也可以包括审核机构代表或观察员、当地管理机构、受审核方上级领导。

首次会议主要议程包括介绍审核组成员、阐明审核目的和范围、介绍审核依据和审核计划、提出审核纪律和审核要求、报告文件审核情况、介绍其他审核相关情况。

受审核方简要介绍管理体系运行或修改的情况，回应审核组的审核计划和要求。

审核机构代表、当地管理机构、受审核方上级领导发表意见。

② 现场审核。现场审核是使用抽样检查的方法寻找客观证据的过程，可以使用访谈、询问、座谈会、观察、测试、查看文件和记录等方法。审核员主要依据现场检查清单进行现场审核，并对发现的线索进一步深入寻找证据。对于未列入现场检查清单但在现场发现的线索也应深入检查并获取证据。审核员在现场审核应注意的事项与内部审核基本相同。

③ 问题确认。现场审核发现的问题一般需要受审核方签字确认。审核员应着重客观证据的确认，不与受审校方交流产生问题的原因。

④ 审核组内部会议。审核组对现场审核情况和发现的问题进行沟通，确定问题、严重程度和审核发现。对于意见不统一的情况，一般以审核组组长意见为准。

⑤ 审核组与受审核方沟通会议。该会议与文件审核沟通的方式和内容基本相同，审核组与受审核方就现场审核发现的问题进行沟通后达成共识，确认审核发现。

⑥ 审核材料整理。审核组整理审核材料，形成审核报告。审核材料一般包括审核报告、不符合项报告、建议项清单，以及审核过程文件等。审核材料内容和要求与内部审核类似。

⑦ 末次会议。会议参加人员、要求与首次会议相同，主要内容包括介绍审核情况、报告审核发现、宣读审核报告、提出纠正要求、受审方领导表态、审核机构等其他参会方代表发表意见等。

4.3.5 电子化管理体系审核

对电子化管理体系的审核，在审核目的、依据和要求等方面与常规的管理体系审核是一致的，但在审核方法上更加灵活，允许审核在非活动现场通过计算机进行。审核员应具有足够的能力实施对电子化管理体系的审核。

(1) 审核准备

审核组应确定受审核方的业务运行及管理体系的电子化程度，并与受审核方就审核员如何进入和使用电子化管理体系文件达成一致意见。具体包括以下内容。

① 了解受审核方信息平台或系统情况。

② 获得查看电子版管理体系文件(包括记录)的权限和方法。

③ 了解并确保受审核方电子版管理体系文件的保密要求。

④ 对于无法实施线上审核的活动现场，了解到达活动现场的方式和时间。

(2) 文件审核

基于技术和安全的因素，在到达组织现场之前，在线或经由电子邮箱传送相关文件，实施完整的评审也许不可行，这时可能需要在受审核方的设施或设备上进行。文件审核一般重点检查以下内容。

① 确定受审核方的组织结构、电子版管理体系的范围，了解组织在电子版管理体系内的有效文件是否都被控制了。

② 了解受审核方对电子版文件的控制，有关使用者授权的方针和程序。

③ 了解受审核方信息技术基础设施的方针。

④ 评审访问记录的作业指导书，了解信息可靠性的措施。

⑤ 检查是否有安全装置，确保审核员能够保护电子版文件的保密性。

(3) 现场审核

如果审核过程需要介入物理现场，审核员应评价物理过程与电子媒体之间的相互作用方式，确保相关信息的准确性。

① 对文件控制的审核。审核员应检查对电子管理体系文件的内容、格式、电子制表软件、数据库等的控制情况。

审核员应了解受审核方对电子文件相关功能和控制的要求，确认受审核方已考虑了相关控制方法，并特别关注控制因素，如文件级别和版本。此外，审核员还应了解电子文件特殊适用的控制范围，这也被作为是否符合管理体系标准的要求。

由于使用者可以相对容易地生成电子数据表和电子文件，审核员应检查受审核方是否通过适当的程序将通用的对纸质管理体系文件的控制措施用于电子文件。在电子化环境中，组织需要采用适宜和有效的方法确保电子化管理体系文件的充分评审、批准、发布和分发。这些方法应当与电子文件的编制和修改方法保持一致。

电子化管理体系可以提高对文件的修改、更新、格式变更和其他改进的能力。审核员应当特别关注对文件标识和文件修订级别等控制要素，应当验证组织的文件控制规定和程序是否可以有效用于管理过期文件。

在很多情况下，文件控制措施还可能是生成文件的应用软件中的标准功能。因此，审核员应当对这些应用软件的控制方式有一定的了解，以便基于这些控制来判定是否符合适用的管理体系标准。

组织在文件访问规定中部分反映管理体系标准关于“在使用处获得适用文件的有效版本”的要求，是一种常见的做法。审核员应当了解组织关于用户权限的规定和程序，因为这是正确实现组织过程的重要因素。

通过电子方式与供方、客户及其他利益相关方等进行的外部沟通可能涉及文件交换。由于外部文件可能规定了过程运行的关键参数，审核员应当确认这些相关方是否已在电子化管理体系中被提及且受控，检查受审核方与相关方交换的电子化文件的程度，验证电子化管理体系正式导入和控制这些文件的程度。

② 对记录控制的审核。电子化管理体系的审核方法在很大程度上取决于判定符合性时需要多少电子记录形式的证据。电子记录由过程输出数据和存储这些数

据的电子格式组成。这些电子格式包括简单的电子数据表和复杂的数据库应用软件。审核员应当意识到，组织对电子表格的控制要素不一定与电子记录的控制要素相同。例如，对于电子表格和电子记录的标识，一份电子表格的标识对应的是这份电子表格的专用名称，而电子记录的标识则要同时针对存储在一份电子表格中的一组特定数据和这份电子表格。审核员应当审查采集数据的方法，确保数据录入的准确性有足够的可信度。在评价组织对记录存储的控制时，审核员应当检查组织是否了解其存储容量、生成记录的速度、记录保留的规定、记录保持期限、清除记录的速度等。

由于组织的知识库和绩效信息可能几乎全部保存在电子记录中，审核员应当审查组织的电子信息安全防护方法，包括是否有备份系统并且定期评审；是否建立了对内部软件、外部软件、软件协议和软件更新的控制；是否考虑了环境方面可能影响电子化管理体系的因素；其他组织的系统是否核实了信息交换。

③ 对组织沟通的审核。电子化背景下的内部沟通和外部沟通的便捷程度不断提高，可供选择的方法也越来越多，因此组织的管理体系应当对电子化沟通的方法做出必要的规定，确保使用这些方法时的一致性。

当组织通过局域网、电子邮件和实时通信满足电子化管理体系要求时，审核员应当确认使用这些沟通方式时，规定和程序是否说明了这些情况，并验证组织的程序是否规定了这些方法的使用条件。另外，如果将内部电子化沟通的结果作为满足审核准则的证据，审核员应当验证其是否遵循记录控制规定和程序。

④ 对组织资源配置的审核。除了传统审核中对组织资源配置控制情况进行审核，在对电子化管理体系审核中，审核员还应当验证组织是否配备了与电子化管理体系持续有效运行相适应的信息技术资源(设施设备资源和人力资源)。

对人力资源配备的审核。审核员应了解组织是否致力于建设适当的信息技术资源，确保电子化管理体系有效地运行。随着越来越多的组织使用电子化管理体系，信息技术部门的作用越来越重要。在验证资源配置是否适当时，审核员应当评价组织如何解决电子化管理体系运行所需的硬件和软件操作人员的能力问题，还应当验证组织是否规定了信息技术人员参与电子化管理体系建设、运行、维护和文件管理相关事务的程度，以及对这些方面施加影响和提供支持的程度。

在建立电子化管理体系时，组织通常让原有管理体系和电子化管理体系平行运行一段时间，以便使用者适应电子化管理体系。遇到这种情况时，审核员应当了解电子化管理体系是否被理解和使用了，并验证组织为确保其人员确实学习和掌握了电子化管理体系而采用的方法及其效果。

对硬件资源配置的审核。组织信息技术设施的复杂程度，取决于业务的性质和复杂程度。审核员应当验证组织对信息技术平台的系统维护规定和程序，还应当验证组织如何应对系统故障等停机事故。审核员应当验证组织是否有正式的备份系统，以及是否定期检查和测试备份系统的充分性和有效性。

在软件方面，审核员应当验证组织对内部软件、外部软件、软件许可，以及软件升级的控制。由于软件可以被看作一种动态电子文件，因此以上关于文件审核的要求也适用于软件。根据组织电子化管理体系使用软件的程度，审核员应当审查应用软件的功能，以及软件和标准规定的管理体系要素之间的关系。

由于环境因素可能影响信息技术平台的运行，组织应采取措施避免该平台受到环境因素的影响。审核员应当评价组织对硬件资源的控制是否考虑了设施维护、温度、湿度等因素对电子化管理体系运行的影响程度。

⑤ 对实际活动现场的审核。审核员要处理好实际(物理)活动现场和电子活动现场的关系。在现场审核活动中，审核路线通常应当包括受审核过程的物理场所。对于电子化管理体系，审核员可能需要用计算机花费大部分时间对证据发现和确认。如果实际过程需要人员介入，审核员应当对实际过程与电子介质之间发生相互作用的方法进行评价，确保相关信息的准确性。

⑥ 对多场所管理体系的审核。采用多场所运营方式的组织通常通过电子化手段使各场所保持沟通，审核员应检查各场所是否遵守统一的规定、程序，能否有效获取过程数据。

如果组织通过信息技术平台和相关的应用软件共享与审核准则相关的信息，那么审核员应当对组织使用的不同网络手段有一定程度的了解，以便判断电子化管理体系是否符合审核准则。审核员应当验证组织的规定和程序对多场所管理体系的控制做出了适当的规定。

(4) 审核员能力

电子化管理体系审核过程的可信性取决于审核员理解信息技术应用和发展趋势的能力。审核机构应当通过必要的措施(包括提供培训)满足审核员对以下知识和技能的需求。

① 可能影响管理体系运行的信息技术应用和发展趋势。

② 与每项审核任务特定相关的方面。

信息技术领域的创新与审核准则的变化相比更为迅速。审核员和审核机构面临的挑战是需要切实了解信息技术发展的趋势及其在电子化管理体系中的应用。

对于影响电子化管理体系运行的创新，审核机构应当确定审核组自身是否具有进行有效审核所需的能力和经验，或者是否需要技术专家的协助[1]。

4.4 安全和质量管理体系持续改进

4.4.1 持续改进的内容和途径

(1) 持续改进的内容

改进是组织提高绩效的活动，持续改进是提高绩效的循环活动。组织应建立必要的管理环节(过程)，对管理体系的适应性、充分性和有效性进行评价并持续改进。通过持续改进，组织可以增强满足要求的能力，满足顾客的需求和期望。

制定改进目标和寻求改进机会是一个持续的过程。该过程使用审核发现、审核结论、数据分析、管理评审等方法，其结果通常导致纠正措施或风险防控措施。组织应充分利用各种机会确定是否存在风险和机遇，对确定的风险和机遇应作为持续改进的一部分加以应对。持续改进是一个被动改进与主动改进相结合的过程。

持续改进是安全和质量管理体系实施中的必要环节，是组织采取必要措施满足顾客要求的重要手段。持续改进的内容主要包括管理系统性的改进、管理效率和成本的改进、管理方法的改进、管理机制或工作模式的改进、产品和服务的改进、纠正不符合或减少不利影响、管理体系绩效和有效性的改进等。

(2) 持续改进的途径

持续改进的主要途径有发挥最高管理层的领导作用，强调全员参与；提高管理体系文件的适宜性，确保管理体系文件与组织产品和服务实现活动要求一致；策划开展好内部审核和管理评审，充分利用审核和评审机会，不断发现组织自身问题，为改进提供有价值的输入；加强管理能力建设，提高管理人员安全和质量意识，提升管理水平；建立完善的有利于管理体系运行的管理机制和激励机制，鼓励全员参与管理体系的持续改进，激发不同层次员工自我价值的实现。持续改进的步骤包括确定改进目标、寻找解决方法、实施和测量实施结果等。具体的管理行为主要体现在内部审核、管理评审、不符合控制、纠正措施、风险控制等方面。

4.4.2 不符合纠正

所谓不符合(不合格)指未满足要求。这里的要求指“明示的、通常隐含的或必须履行的需求或期望”。其内容主要包括文件不符合管理体系标准或法规的要求；实施现状未按标准、体系文件，法律、法规的要求执行；运行结果未达到预定的目标；顾客要求未得到识别；未正确执行技术或行业标准等。

组织应确保对不符合要求的产品或服务进行识别和控制，防止其被非预期的使用或交付，应编制形成文件的程序，规定对其控制及处置的有关职责和权利，在产品或服务得到纠正之后应对其再次进行验证，并证实符合要求。

若出现不符合，包括投诉所引起的不符合，组织应对不符合做出应对，采取措施予以控制和纠正；处置产生的后果，并评价是否需要采取措施消除产生不符合的原因，避免其再次发生。主要处置流程包括评审和分析不符合，确定不符合的原因，确定是否存在或可能发生类似的不符合，制定纠正措施；实施纠正措施；评审或验证纠正措施的有效性；消除产生不符合的原因，避免其再次发生或在其他场合发生；对制定的纠正措施进行落实，并对纠正措施落实的情况和实施的效果进行评价，确保措施的有效性和不符合问题能够得到纠正和控制。

4.4.3　持续改进的机会

组织应确定并选择改进机会，采取必要措施，满足顾客要求，增强顾客满意。组织应持续改进管理体系的适宜性、充分性和有效性，考虑管理评审的分析、评价结果，以及管理评审的输出，确定是否存在持续改进的需求或机会。改进应当贯穿管理的各方面和始终，包括日常工作中细微的改进和战略方向上大的改进。

安全和质量管理体系文件发布实施后，可以结合不同的阶段或活动进行审核或评价，选择合适的改进机会。

组织所处的环境是动态的，组织的运作和发展也是一个动态的过程，因此管理体系的运行是相对静态的过程。同时，员工安全和质量意识，以及管理绩效的提升不可能一蹴而就，应该是一个不断完善提高的过程。旧的问题解决了，原来的薄弱环节加强了，更高层次上就会暴露出新的问题；旧的平衡打破了，建立新的平衡，但新的平衡在实践的过程中又会出现新的不平衡问题。因此，在安全和质量管理体系建设的过程中，需要不断地寻找新的问题，解决新的问题，使安全和质量管理体系更加符合组织运作的实际，更能促进组织安全和质量管理工作。这也是安全和质量管理体系持续改进理念的精髓所在。

参考文献

[1] 张国武. 管理体系远程电子化审核的风险防范[J]. 中国认证认可, 2016, (7): 46-49.

第 5 章　船员培训和船员管理质量管理体系

5.1　船员培训和船员管理质量管理体系发展沿革

船员是水路运输的直接从业者，承担船舶航行、停泊、作业，以及船上货物管理等职责。船员的工作与水路运输安全和质量直接相关，为水路运输系统的稳定运行发挥了重要作用。2010 年，IMO 召开的 STCW 公约缔约国外交大会将每年 6 月 25 日命名为“海员日”，鼓励各国政府及航运组织向海员致敬，感谢海员对人类和世界做的贡献。

船员包括在内河船舶和海船上工作的人员。在海船上工作的船员又称海员。中国是海洋大国、航运大国，也是船员大国，船员总量位居世界第一。截至 2019 年底，中国持有国际航行海船适任证书的船员约有 26 万人，同比增长 3.8%；持有沿海航行海船适任证书的船员约有 16 万人，同比增长 8.0%；持有内河船舶船员适任证书的船长超过 14 万人；其他高级船员超过 27 万人；中高级船员占比 47.8%。

船员要经过培训获得相应的培训合格证书。船员培训按照培训内容分为船员基本安全培训、船员适任培训和特殊培训三种。中国的船员培训由取得船员培训许可证的航海院校等船员培训机构负责，船员考试、发证和管理由交通运输部海事局及其直属海事管理机构、省级地方海事管理机构负责。船员培训机构应建立和运行船员培训质量管理体系，海事管理机构应建立和运行船员管理质量管理体系。

5.1.1　初次质量管理体系标准制定与实施

(1) 背景

1978 年 7 月，IMO 通过第一个有关海员培训、发证和值班标准的国际公约《1978 年海员培训、发证和值班标准国际公约》(简称 STCW 78/95 公约)。1981 年 6 月，中国政府成为该公约的缔约国。该公约于 1984 年 4 月生效。此后，根据航海技术及航运业的发展和海上安全形势，IMO 对 STCW 公约进行了多次修改。

1997 年 2 月，修正的 STCW 78195 公约正式生效，对 STCW 公约的附则进行了全面修改，并制定《海员培训、发证和值班标准规则》(简称 STCW 规则)，作为对 STCW 公约附则的补充。按附则第 I/8 条和 STCW 规则 A-I/8 节规定，所有由其授权的非政府机构或组织执行的海员培训、适任评估、发证、签证和再有效工作，要通过一个质量标准体系受到连续的监控确保达到既定目标，其中包括有关教员和独立评估员的资格和经历的目标。

(2) 质量管理体系标准的建立

中国作为 IMO A 类理事国，也履行了 STCW78/95 公约的相关工作。鉴于 STCW78/95 公约和 IMO 并未对船员教育、培训、考试、评估和发证质量标准体系的标准和模式做出具体规定，各缔约国可自行决定采取何种模式和标准建立质量标准体系。我国海事主管机关结合我国船员教育培训和船员考试、评估和发证的具体情况及其主要管理环节的逻辑关系和特点，设立两个质量管理体系，并于 1997 年 10 月，颁布《中华人民共和国船员教育和培训质量管理规则》《中华人民共和国船员考试、评估和发证质量管理规则》，要求船员教育培训机构建立和实施船员教育和培训质量管理体系，于 1998 年 8 月 1 日前通过由授权的港务监督组织的审核，取得港务监督局颁发的质量体系证书；依据授权开展海船船员考试、评估和发证工作的港务(航)监督，依据《中华人民共和国船员考试、评估和发证质量管理规则》建立和实施船员考试、评估和发证质量管理体系，并于 1998 年 8 月 1 日前通过由港务监督局组织的外部审核。

此后，中华人民共和国港务监督局发布《关于推进船员管理质量工作的通知》，颁布《船员教育和培训机构质量体系实施指南》《船员考试、评估和发证质量管理工作指导文件》；发布《中华人民共和国船员教育和培训质量体系审核实施细则》(1998 年 6 月 1 日生效)，《中华人民共和国船员考试、评估和发证质量体系审核实施细则》(1999 年 2 月 13 日生效)。《中华人民共和国海船船员适任考试、评估和发证规则》也要求从事航海教育的机构应建立船员教育和培训质量管理体系，船员教育和培训工作应在质量标准体系中受到连续监控，确保达到质量目标；开展船员考试、评估和发证工作的海事管理机构应建立船员考试、评估和发证质量管理体系，并通过主管机关审核，船员适任考试、评估和发证工作应在质量管理体系中受到连续监控，确保达到质量目标。

(3) 质量管理体系建设和实施

自 1997 年起，根据以上质量管理体系标准和相关规章的要求，中国船员教育和培训机构陆续建设和实施了船员教育和培训质量管理体系。1998 年，大连海事大学、上海海事大学、武汉水运工程学院(现武汉理工大学)、集美大学、青岛海运学校(现中国远洋海运大学)、上海海事职业技术学院通过港务监督局组织的审核并于同年 8 月获得质量管理体系证书，成为第一批获得质量管理体系证书的船员培训机构。

同期，辽宁港务监督局、天津港务监督局、山东港务监督局、上海港务监督局和广东港务监督局等依据授权开展海船船员考试、评估和发证工作的港务监督局陆续建设和实施质量管理体系，并通过港务监督局组织的外部审核。

中国是第一个向 IMO 提交履行 STCW78/95 公约报告的国家。报告中详细介绍了质量管理体系建设和实施的情况。中国政府积极、全面的履约工作获得了 IMO 的高度评价。

此后，中国的船员教育和培训机构，以及船员考试、评估和发证机构依照相应的质量管理体系标准，陆续建设和实施了质量管理体系对船员教育和培训，对船员考试、评估和发证工作进行控制，为保证中国船员质量做出了巨大的贡献。

5.1.2 第一次质量管理体系标准修订

(1) 修订背景

随着全球经济一体化的推进，船舶大型化、快速化、专业化、现代化的发展趋势明显，国际社会对海洋环境保护更加严格，包括信息技术在内的新技术应用越来越广泛与深入，对海员培训与值班标准的要求越来越高。同时，由于海盗猖獗，海运安全受到严重的挑战，对海员的培训与值班标准又提出了新的安保要求。STCW 公约 1995 修正案通过 10 年后，IMO 对 STCW 公约和 STCW 规则进行了系统的修正。2006 年，IMO 海上安全委员会第 81 次会议指示培训值班标准分委会在工作计划中加入“对 STCW 公约和规则全面回顾”的高优先权议题。

经过 4 次培训值班标准分委会会议及 2 次特别会间会议的审议，2010 年 1 月召开的培训值班标准分委会基本完成全面回顾的议题,形成的修正案在 2010 年召开的 STCW 公约缔约国大会上获得通过，称为《STCW 公约马尼拉修正案》(简称《马尼拉修正案》)。

《马尼拉修正案》于 2012 年 1 月 1 日生效，在船员适任证书及签发、航运公司责任等方面都作了修改，特别是明确了船员健康证书签发及船员健康标准的要求，并要求质量管理体系对船员健康证书签发过程进行控制；新增独立评价报告内容的明确要求，对最初资料交流(履约报告)、后续报告(独立评价报告)，以及有资格人员的小组做了明确的规定。

(2) 修订内容

交通运输部海事局通过建立履约领导小组，组成 6 个工作小组对船员培训、考试和发证等系列文件进行修改，修订颁布了质量管理体系标准，并于 2012 年 3 月 1 日起实施。该标准包含《中华人民共和国船员教育和培训质量管理规则》《中华人民共和国船员管理质量管理规则》《中华人民共和国船员教育、培训和船员管理质量管理体系审核实施细则》《中华人民共和国船员教育、培训和船员管理质量管理体系审核员管理规定》。

此次质量管理体系标准修订的主要内容如下。

① 新增《中华人民共和国船员教育、培训和船员管理质量管理体系审核员管理规定》，对审核员管理做了规定，填补了原来管理体系标准中缺乏对审核员管理的空白，并将审核员分为审核员和高级审核员。

② 将《中华人民共和国船员考试、评估和发证质量管理规则》改名为《中华人民共和国船员管理质量管理规则》，扩大了该质量管理体系标准的适用范围，将船员健康证书签发、船员适任能力跟踪、船员服务等船员管理业务纳入该质量管理体系标准的适用范围。

③ 为了突出领导作用，增加了最高管理者和管理者代表职责；明确了质量目标应具有可测性的要求；明确了质量管理体系(受控)范围；明确了教学计划编制和评审，以及人员资格的要求。

④ 增加了内部质量审核内容要求及管理评审要求。

⑤ 增加了租用场地设施和设备应进行安全性和适用性评估的要求；增加了培训规模控制要求；增加了教学进度与调课控制、实践性教学的安全保障与节能环保要求。

⑥ 增加了教学、训练质量检查和评估结果的处置过程控制要求；明确了质量记录的保存期限和地点要求；增加了文件控制清单要求；将不合格改为不符合。

此后，各船员教育和培训机构、船员管理机构根据新的质量管理体系标准(第 2 版)进行了各自质量管理体系文件的改版，并陆续通过审核机构组织的审核。

5.1.3　第二次质量管理体系标准修订

为了与《中华人民共和国船员培训管理规则》的有关要求相适应，中华人民共和国海事局结合近些年船员培训管理和船员管理工作实践，于 2019 年 8 月 30 日印发了修订后的质量管理体系标准(第三版)，主要修订内容如下。

① 将第二版质量管理体系标准中的《中华人民共和国船员教育和培训质量管理规则》《中华人民共和国船员管理质量管理规则》《中华人民共和国船员教育、培训和船员管理质量管理体系审核实施细则》合并为《中华人民共和国船员培训和船员管理质量管理规则》。该规则由 7 章 77 条和 15 个附件表格组成。

② 为了适应船员培训许可流程变化，质量管理体系审核内容中增加了船员培训机构是否按照有关要求对每个船员培训项目的场地、设施、设备，以及教学人员和管理人员进行有效配置等内容；增加了船员培训项目场地设施设备现场审核记录、船员培训项目教学人员和管理人员现场审核记录等质量记录。

③ 对质量管理体系基本要求的内容作了修改、完善。例如，增加了最高管理者应采取有效措施不断提高人员的质量意识，指导和支持员工积极参与质量管理体系的持续有效运行的责任；不再强制要求设置管理者代表；增加了对质量目标实现情况进行监测和适时更新的要求；增加了船员培训课程论证和确认的要求；

将预防措施调整为船员培训质量风险管理，并提出相关要求。

④ 增加、细化了附加审核和跟踪审核的相关要求。

⑤ 增加了构成重大不符合的 3 种情形。

⑥ 优化了质量管理体系审核的组织与实施。例如，明确了跨海事管理机构的质量管理体系审核管辖；取消了对审核组人数的限制，增加了审核安排的灵活性；调整了审核员回避要求，鼓励经验丰富、熟悉具体业务的审核员参与体系审核工作；增加了质量管理体系审核结果确认表。

⑦ 明确了最高管理者是最高管理层指挥和控制培训机构、海事管理机构的一个人。

⑧ 发布了新版质量管理体系证书。

需要注意的是，船员教育和培训改为船员培训主要是为了适应海事管理机构法定职责在文件描述上保持行文一致，并非删除对航海院校船员培养过程的控制。航海教育是一种重要的、不可或缺的、高水平的船员培训形式。海事管理机构通过船员培训机构课程确认、质量管理体系审核、培训项目许可、培训过程监督、学生毕业证认可等方式可以实现对航海院校船员培养的过程控制。

5.1.4 质量管理体系独立评价和欧盟审核

(1) 质量管理体系独立评价

STCW 规则 I/8 节质量标准规定，各缔约国应保证由不参与该工作的合格人员按照 A-I/8 节规定进行质量管理体系独立评价，有关评价资料应送交 IMO 秘书长。

2003 年 12 月，中国首次向 IMO 提交《中华人民共和国船员教育、培训、考试、评估和发证质量管理体系独立评价报告》(简称独立评价报告)。报告详述了 5 年来中国船员教育、培训、考试、评估、发证质量管理实施和审核情况，并通过 IMO 的专家审核。此外，中国每 5 年都开展 STCW 公约履约独立评价工作，并及时将评价材料送交 IMO。

(2) 欧盟审核

根据欧盟相关法令，欧盟以外国家海事主管机关签发给船长、高级船员或无线电操作员的证书获得欧盟各成员国承认前，需接受并通过欧洲海事安全局(European Maritime Safety Agency，EMSA)组织的定期(一般 5 年)审核，以确保该国船员培训、考试、发证管理工作符合 STCW 公约及其修正案的相关要求。

中国自 2005 年成为欧盟成员国的海员证书认可国家。2012 年 10 月，欧盟海事局组织专家对中国海员教育、培训、考试、评估和发证体系进行了全面审核，审核内容覆盖中国航海教育、船员培训质量控制，船员考试、发证质量控制等方面。审核结果作为欧盟成员国延续承认我国海事主管机关签发船员适任证书的前提条件。

审核组对中国海事局检查评估的主要内容包括中国政府在履行 STCW 公约方面的立法情况；质量管理体系标准的制定、建设、实施、审核及保持；海员教育、培训的政策安排(本科、高职高专、中职中专，以及值班机工/值班水手通过一年的培训后参加无限航区三副/三管轮考试的课程设计、考试评估大纲)；海员发证体系；海员值班标准；对培训机构的资质许可制度；四类人员(教员、评估员、主考官、审核员)的资格、培训和考核情况。

审核组对执行层面的辽宁海事局审核的主要内容包括中国政府制定的各项海员培训、考试、发证、值班文件及实施情况，特别是质量管理体系建设、实施和审核情况，以及对船员考试、发证过程控制等情况。

审核组对航海院校审核的主要内容包括中国政府履约国内立法在航海院校的落实情况，通过对质量方针和目标、组织、授权和职责、资源管理(人力、设备和文献)、课程设计、学员录取、测量和分析、培训监督与管理、证书发放、培训模拟器、不符合项的持续改进和后续跟踪、管理评审、文件控制、记录管理、外部审核等具体程序和环节的现场验证，评价海员培训质量和履约成效。

审核组对中国政府履行 STCW 公约的工作给予了充分的肯定，同时指出存在的少量缺陷和建议。例如，建议加大 IMO 示范课程在航海院校中的应用；加强对船员培训课程的认可；航海院校在质量管理体系中应纳入模拟器训练控制流程、训练方案制定的岗位职责、测试和评估标准、记录要求等内容。

5.2　船员培训和船员管理质量管理体系要求

5.2.1　质量管理体系文件要求

质量管理体系标准对船员培训和船员管理两个质量管理体系的文件要求是一致的。质量管理体系文件应包括如下内容。

① 质量手册。用于阐明质量方针和质量目标，介绍质量管理体系，概述实现质量管理体系基本要求的途径或方法。质量手册至少应包括质量方针和目标、质量管理组织机构、部门职责、实现质量管理规则第二章、第三章基本要求的途径或方法。

② 程序文件。用于描述质量管理体系基本要求所涉及的过程，并规定实施这些过程的程序或方法。程序文件至少应包括目的、适用范围、部门或岗位职责、工作流程、规范性文件、质量记录。一个文件可包括一个或多个基本要求。一个形成文件的基本要求可以被包含在多个文件中。

③ 支持性文件。用于明确具体的工作规范和标准。支持性文件至少应包括与

船员培训相关的国际公约、法律、法规、规章、规范性文件，以及技术规范、标准和大纲等外来文件。此外，还应包括本机构的岗位职责、业务指导、操作规范、规章制度等内部文件。

船员培训机构或海事管理机构应根据环境和目标的变化，及时进行质量管理体系文件的修改，以便持续保证质量管理体系的符合性和有效性。

5.2.2 船员培训质量管理体系基本要求及实施中常见问题

(1) 质量方针和质量目标

船员培训机构建立船员培训质量管理体系应明确其质量方针和质量目标。

质量方针是船员培训总的质量宗旨和方向，要与机构总方针保持一致。

质量目标是培训机构在质量管理方面追求的目的，应与质量方针相适应。对质量目标的实现情况要进行监测，必要时应更新质量目标。

船员培训机构应制定本机构的质量方针和质量目标，并以文件的形式发布；质量方针、质量目标应符合法律、法规和机构自身发展的要求，应是机构经过努力可实现的和有能力实施的，应在机构内部广为宣传并被员工理解；应对质量目标的完成情况进行监测，并根据外部和内部的需求进行必要的更新。

常见的问题包括未能及时正式发布质量方针和质量目标；质量方针空洞，对确定质量目标没有框架和指导作用，或无相应对策与跟进措施，流于形式，或不符合机构实际，不被员工认同；质量目标模糊不清，不具有本机构的特质和可测性，不能体现机构的工作目标和对外承诺，质量目标过高或过低，不符合机构的实际能力和发展定位，无法通过努力实现或可以随意达到，没有及时评价和更新；宣贯不力，员工对质量方针和目标的认可度不高。

(2) 职责、权限和沟通

船员培训机构应确保组织的职责、权限和相互关系得到明确规定，并采取措施保证相关部门、人员对其充分理解。对与质量管理体系相关的内部和外部沟通，应明确沟通主体和对象，以及沟通的内容、时机和途径，确保沟通能够充分有效地进行。船员培训机构的船员培训质量管理体系至少应包括教学人员；教学管理人员、教学设施设备管理人员，培训发证管理人员和档案管理人员；招生、人事、文件资料、图书教材等管理人员；内部审核员；其他负责质量管理体系建立、运行的人员。

船员培训机构的最高管理者应负责质量管理体系的建立、实施与持续改进，制定、实施和保持质量方针，并确保质量管理体系持续有效运行所需的资源，对质量管理体系的持续有效运行负责。最高管理者应采取有效措施不断提高人员的质量意识，指导和支持其积极参与质量管理体系的有效运行。

最高管理者可在最高管理层指定一名管理者代表，组织开展质量管理体系建立、实施与持续改进，并向最高管理者报告质量管理体系的运行情况和改进需求。

船员培训机构落实本条要求时，应对其管理职责、管理权限和相互关系予以明确，以满足各项教学和管理活动的正常运行；应在组织内部明确建立并规定有效的沟通方式和沟通渠道；质量活动涉及的相关方应有明确接口和职责保证；对机构实施质量管理体系需要的岗位和部门提出基本要求，即教学人员，教学和学员管理人员，招生、设施设备、人事、文件资料、档案、图书教材等管理人员，内部审核员，其他负责质量管理体系建立、运行的人员，以及他们所在部门涉及体系管理的职责必须纳入体系管理。

常见的问题包括管理体系要求的管理职责未能全部予以明确；不同部门和岗位职责存在重叠或交叉不清的情况；部门间、岗位间的工作接口和关系不合理、不明确；同一活动在不同文件中规定的职责或流程不一致；职责与权限不对称；实际职责和体系文件描述不一致；未能建立有效的沟通渠道。

(3) 培训课程和实施计划

船员培训机构应建立文件化程序，对培训课程、教学计划的编制、评审(论证)、审批、发布、修改等过程进行控制，对培训实施计划的编制、审批和发布进行控制，保证培训课程和实施计划不低于交通运输部规定的船员培训大纲和水上交通安全、防治船舶污染等要求。

培训课程和实施计划应充分考虑适用对象、教学手段、师资力量、教学设备、模拟器训练、委托方要求、以往课程和计划执行的效果、船员市场需求等因素。

船员培训课程的编制和评审人员应包括具有管理级船员经历的人员。编制和评审活动应由不同人员进行。

船员培训课程设置和实施计划制定的过程应明确记录并予以保持。

船员培训机构在落实本条要求时，要关注对培训课程的编制和评审，指派与本专业相关的管理级船员参加编制，与本专业相关的管理级船员资历的人员参加评审，且参加编制与评审的人员不能重合。在培训课程和实施计划制定时，船员培训机构应充分考虑培训对象、内部培训资源、外部环境与顾客的需求，以保证培训活动满足要求。

常见的问题包括对培训课程、培训计划和培训实施计划的要求不明确，对培训课程和培训计划的制定缺少必要的编制、审批、评审、发布、修改控制过程，对参与编制和评审的人员资格未做出明确的规定；建立了不必要的培训实施计划评审控制过程；培训课程和培训计划的编制、评审人员不能满足基本条件要求；缺少必要的前期市场调研，未能将市场需求、顾客反馈意见及主管机关的新要求等体现在培训课程和培训计划中。

(4) 招生与学员管理

船员培训机构应建立文件化程序，对招生、学员名册和培训完成情况报备，对学员考勤和日常管理、档案管理、培训证明、证书发放的全过程进行控制，以保证招生质量、规模符合自身条件和主管机关的规定，学员在年龄、持证情况、船上服务资历、见习资历、安全任职记录、身体健康状况，以及职业素养等方面符合规定要求。招生和学员管理过程应明确记录并予以保持。

船员培训机构应对招生和学员日常管理活动进行控制。其中对招生的控制环节包括招生条件拟定、招生计划制定、招生宣传、录取、身体健康状况和职业素养在内的复查，以及不符合条件学员处理、学员名册管理等环节；对学员管理的控制环节包括学员日常管理、学员档案管理、成绩不合格学员处理、学员考勤、培训证明发放等环节。

常见的问题包括擅自增加招生规模，与机构所能提供的培训能力(规模)不相符；招生计划制定缺少必要审批控制环节；未明确学员入学条件，缺少复查过程和复查标准要求；缺少不符合条件学员的处理控制程序；学员健康检查引用标准不准确；缺少对学员日常健康状况的跟踪控制；缺少学员考勤与日常管理控制过程；培训证明的管理操作性和有效性不强。

(5) 教学与管理人员

船员培训机构应建立文件化程序，对教学与管理人员的配备、培训和考核过程进行控制，达到以下目的。

① 教学与管理人员按照《中华人民共和国船员培训管理规则》要求进行相应的配备和培训。

② 教学人员取得与所授课程有关的专业理论知识、专业教学经历和相应的船上任职资历，并具有履行岗位职责的水平和能力。

③ 新聘、外聘人员，以及调至新岗位的人员，在就职或上岗前，熟悉岗位职责和要求。

人员的配备、培训和考核过程应明确记录并予以保持。

船员培训机构在落实本条要求时应明确教学和管理人员在配备、培训和考核方面的要求，建立必要的程序，分别对教学人员和从事与培训活动直接相关的管理人员在人员的配备、后期培训及日常考核与管理方面进行控制，确保其履职能力；特别强调与所从事的专业相关的专业技能培训和船上任职经历的培训；对新入职人员强调岗前培训控制；明确教学人员和管理人员的任职条件和聘用规定、应遵守的行为准则。

常见的问题包括对教学和管理人员制定的基本任职条件不符合要求；对教学人员入职考核缺少程序性规定和合格标准；缺少教学人员取得海上任职资历与培训的过程控制；新上岗人员，特别是转岗人员未进行必要的岗前培训；忽视人员知识更新培训；缺少培训计划或培训计划流于形式；人员聘任、培训和考核记录不全或不规范。

(6) 场地、设施和设备

船员培训机构应建立文件化程序，对以下过程进行控制，保证教学和训练所需的场地、设施和设备，以及教材和图书资料符合《中华人民共和国船员培训管理规则》要求并保持可用状态。

① 场地、设施和设备的配置、维护保养、使用和管理。

② 消耗品的使用与补充。

③ 租用场地、设施和设备的评估与使用。

④ 教材和图书资料的计划、选用和管理。

船员培训机构应识别由外部或内部要求的变化引起的对场地、设施和设备需求的变更，及时补充和更新，以满足船员培训发展的需要。场地、设施和设备的控制过程应明确记录并予以保持。

常见的问题包括场地、设施设备配备不能达到主管机关的要求；缺少低值易耗品控制过程和有关管理记录；缺少必要的设备操作、安全管理、节能环保等管理制度；对设备管理的职责不清，缺少设施和设备维护保养控制规定；缺乏设施和设备使用、维护保养记录；教材、图书资料管理要求不明确；缺少租用场地、设备评估过程控制和评估记录。

(7) 教学和训练的实施

船员培训机构应建立文件化程序，对教学人员的确定、教学准备、教学实施、教学进度与调课控制、实践性教学的安全保障与节能环保、考试管理等过程进行控制，以保证教学和训练按照经过确认的船员培训课程实施。教学和训练实施过程应明确记录并予以保持。

常见的问题包括缺少教师教学规范或规定；缺少教学进度、教学计划、教师课程调整与审批的控制；考试、评估，以及包括试卷的保密、保管措施不明确；实验、实习环节缺少评分、评估标准；缺少实操训练环节的安全保障、应急处置的规定；缺少节能环保管理规定。

(8) 教学和训练的检查与评估

船员培训机构应建立文件化程序，对教学和训练环节的检查、教学和训练质量的评估、检查和评估结果的处置等过程进行控制，以保证教学和训练的秩序与效果。教学和训练的检查与评估过程应明确记录并予以保持。

船员培训机构在落实本条要求时应保证教学和训练的环节符合规定要求；建立教学和训练实施的质量评估程序，评估教学和训练的效果是否符合质量目标。同时，还应对检查和评估发现问题的处理过程进行控制，以保证教学和训练中存在的问题得到及时纠正，培训过程得到改进，培训质量得到提升。

常见的问题包括将质量评估与教学检查混淆，缺少教学和训练的质量评估控制程序；教学检查的范围、手段、方式代表性不足，评价方法、指标不明确或不科学；教学和训练检查、质量评估发现的问题无后续纠正和改进措施的规定，未实行闭环控制。

(9) 质量记录控制

船员培训机构应建立文件化程序，对船员培训质量管理体系运行相关质量记录的形式、标识、记载、保存、检索等过程进行控制，明确质量记录的保存期限和部门，提供质量管理体系有效运行的证据，保证船员培训质量管理活动具有可追溯性。

常见的问题包括对质量记录的理解不深入，仅考虑纸质记录或表格形式的记录，未对其他媒体形式的记录、非表格形式的记录进行控制；部分过程缺乏明确的质量记录；质量记录缺乏可追溯性。

(10) 纠正措施和质量风险管理

船员培训机构应建立纠正措施和质量风险管理的文件化程序，对不符合要求的采集、原因分析、纠正措施的制定，以及纠正措施实施与验证等活动进行控制，以保证不符合要求的情况得到及时纠正。对影响船员培训质量潜在风险的识别、分析、评估和应对等过程进行控制，以保证船员培训活动实现预期目标。纠正措施和质量风险管理应明确记录并予以保持。

常见的问题包括不符合信息采集过程，控制不全面，仅考虑审核和投诉等渠道的信息，缺少内部其他监测、检查，外部监督检查等渠道获取的不符合信息；缺少基于原因分析制定和实施纠正措施的要求，纠正措施与不符合产生的原因不对应，治标不治本；质量风险识别、分析、评估和应对的工作流程不清晰；风险管理活动的针对性和操作性不强。

(11) 文件控制

船员培训机构应建立文件化程序，对质量管理体系文件的拟定、审批、发布、收集、识别、标识、流转、使用、保管、更新、作废和归档等过程进行控制。受控文件清单应保存并得到及时更新，保证在使用场所可获得适用文件的有效版本。文件控制应明确记录并予以保持。

常见的问题包括纳入受控文件的范围不全，仅控制了质量手册、程序文件、岗位指导书、规章制度和部分外来文件，教学大纲和评估标准等教学指导性文件未被考虑；受沟通渠道和流程的影响，外来文件没有及时纳入体系；文件和资料的标识不清或过于烦琐，过期作废文件控制流程缺失，失效文件没有及时从使用场所撤销或标识；程序文件的支持性文件界定不清晰，没有受控；文件保存地点与管理职责不明确；纸质和电子文件的关系没有界定，对电子文件的控制过程不明确。

(12) 内部审核和管理评审

船员培训机构应建立文件化程序，对内部审核和管理评审的计划、审批、准备、实施、结果、处置等过程进行控制。

内部审核主要是检查质量管理体系的符合性，确定质量管理体系是否有效、连续实施。内部审核应由具有资格的审核员组成的审核组具体实施。内部审核至少应每年进行 1 次且覆盖质量管理体系的全部受控部门。

管理评审由最高管理者组织实施，主要是评价质量管理体系的适宜性、充分性和有效性。培训机构应从质量方针和质量目标的实现、船员培训活动开展情况和培训质量反馈、质量管理体系相关的内外部因素变化、以往管理评审所采取措施的效果等方面，对管理评审所需信息的收集、分析、评价做出规定。通过管理评审，提出与质量管理体系及其有效性的改进、质量管理体系的变更需求、船员培训活动的资源需求、重大风险管控等相关的决定和措施，保证管理评审结果得到充分和有效的运用。管理评审至少应每年进行 1 次。内部审核和管理评审过程应明确记录并予以保持。

常见的问题包括混淆年度内部审核计划和审核实施计划；内部审核活动流于形式，不愿涉及真正影响培训质量的问题；管理评审输入信息不全、流于形式，将管理评审变成了内部审核总结会；对管理评审提出的改进措施跟踪落实不够，一些问题长期存在但未能解决，也未作说明。

5.2.3　船员管理质量管理体系基本要求及实施应注意的问题

1. 基本要求

(1) 质量方针和质量目标

海事管理机构建立船员管理质量管理体系应明确其质量方针和质量目标。

质量方针是船员管理总的质量宗旨和方向，要与海事管理机构总方针保持一致。

质量目标是船员管理在质量管理方面追求的目标，应与质量方针相适应，对质量目标的实现情况要进行监测，必要时应更新质量目标。

(2) 职责、权限和沟通

海事管理机构应规定机构内船员管理的职责、权限，对所有管理、执行、验证船员管理活动并影响其质量的部门和岗位，明确职责、权限和相互关系，形成文件并采取措施保证相关部门、人员对其充分理解；应明确适当的途径，确保对质量管理体系的有效性进行沟通。对与质量管理体系相关的内部和外部沟通，海事管理机构应明确沟通主体和对象，以及沟通的内容、时机和途径，确保沟通能够充分有效地进行。

最高管理者应推动质量管理体系的建立、实施与持续改进，制定、实施和保持质量方针，确保质量管理体系持续有效运行所需的资源，对质量管理体系的持续有效运行负责。最高管理者应采取有效措施不断提高人员的质量意识，指导和支持其积极参与质量管理体系的持续有效运行。

最高管理者可在本机构最高管理层指定 1 名管理者代表，组织开展质量管理体系的建立、实施与持续改进，并向最高管理者报告质量管理的运行情况和改进需求，采取有效措施，不断提高人员的质量意识。

(3) 人力资源

海事管理机构应建立文件化程序，对质量管理体系内人员的配备、任用、培训和考核活动进行控制，确保人员的配备满足船员管理业务的需求；体系内人员按照要求得到相应的教育、培训，取得与岗位相关的专业理论知识、专业技能和相应的船上任职资历(如适用)，具有持续履行其岗位职责的水平和能力；新任人员及调至新岗位人员在就职上岗前，熟悉岗位职责和要求。人员的配备、任用、培训和考核活动应明确相应的记录并予以保持。

(4) 场地、设施和设备

海事管理机构应建立文件化程序，对以下过程进行控制，确保船员管理工作所需要的场地、设施和设备符合规定的要求，并保证其处于良好状况。①场地、设施和设备的配置、维护保养、使用和管理。②消耗品的使用与补充。③租用场地、设施和设备的评估与使用。

海事管理机构应识别由外部或内部要求的变化引起的对场地、设施、设备需求的变更，及时补充和更新。场地、设施、设备的管理和使用应明确相应的记录并予以保持。

(5) 业务受理、审核、审批与证书签发

海事管理机构应建立文件化程序，对各类船员证书签发与签注和机构资质证书的签发与签注等业务的受理、审核与审批过程进行控制，以确保业务的受理、审核与审批工作符合规定。

船员证书的签发与签注包括各类船员证书、证明等的签发或签注，以及我国对其他缔约国签发证书的承认签证。机构资质证书的签发与签注包括机构资质许可证、质量体系证书等的签发与签注。

海事管理机构应对业务的受理、审核、审批各环节的工作流程和操作要求进行规范，对各类证书的制作、注销与销毁、空白证书管理、印章管理等过程进行控制，确保各类证书签发与管理的全过程符合规定的要求。业务受理、审核、审批与证书签发过程应明确相应的记录并予以保持。

(6) 船员培训

海事管理机构应建立船员培训管理的文件化程序，对船员培训机构资质保持、培训活动的日常检查、针对性检查、定期检查、复查结果处理、评价分析，以及对船员培训机构质量管理体系的审核等管理活动进行控制，确保各个环节和过程按规定进行。船员培训管理过程应明确相应的记录并予以保持。

(7) 船员考试

海事管理机构应建立船员考试(包括理论考试、评估和实际操作考试)的文件化程序，对试题控制、评判标准的制定、考试的计划与实施、考试结果的评定和考试全过程的评价进行控制，确保船员考试工作符合规定的要求。

海事管理机构应对试题的运作进行控制，确保试题从形成到使用完毕的全过程均处于连续的受控状态，使试题符合保密性和公正性的原则。海事管理机构应组织相关专业人员对试题和评判标准进行评审，确保试题符合考试大纲的要求，以及评判标准的科学性、准确性。

海事管理机构应制定考试计划和实施方案。考试计划的制定应至少包括拟定、审批、变更、发布等环节。实施方案应明确考试时间、试题的准备，场地、设施和设备的落实，以及考官、监考人员、评估员的安排和应急预案等。考试计划和实施方案的制定应充分考虑考试的类别、形式等情况。

海事管理机构应对考试结果的评定进行控制，确保考试结果的评判、核对、公布、查询等全过程均处于受控状态，保证考试结果评定的准确性和公正性。海事管理机构应适时对试题和评判标准，以及考试的组织、实施和结果进行评价。

海事管理机构应对各类考试过程中可能出现的应急情况进行标识，并制定相应的应急预案。试题的控制、评判标准的制定、考试计划与实施方案的制定、考试的实施、考试结果的评定和评价等过程应明确相应的记录并予以保持。

(8) 船员适任能力跟踪

海事管理机构应建立船员适任能力跟踪的文件化程序，建立船员适任能力信息沟通与反馈机制，对船员适任能力的保持状况进行连续跟踪，确保对未能保持适任能力船员的考核、违法记分及处理、行政处罚的过程和结果处理处于受控状态，保证各个环节符合规定的要求。船员适任能力跟踪过程应明确相应的记录并予以保持。

(9) 海员健康证明

海事管理机构应建立海员健康证明管理的文件化程序，对海员体检机构、主检医师报备、健康证明签发的管理和监督检查等活动进行控制，确保海员健康证明管理工作符合规定的要求。对海员健康证明管理的过程应明确相应的记录并予以保持。

(10) 船员服务

海事管理机构应建立船员服务管理的文件化程序，对海员外派机构的资质保持，以及从事船员服务相关机构的监督检查等管理活动进行控制，确保船员服务管理工作符合规定的要求。对船员服务管理的过程应明确相应的记录并予以保持。

(11) 档案管理

海事管理机构应建立档案管理的文件化程序，对船员各类档案、船员培训管理档案、船员服务管理档案的收集、登记、整理、保管、利用、统计、迁移、销毁等过程进行控制，确保档案管理工作符合规定的要求。档案管理的全过程应明确相应的记录并予以保持。

(12) 质量记录控制

海事管理机构应建立质量记录控制的文件化程序，对与质量管理体系运行过程相关的质量记录的标识、记载、格式、保存、检索等活动进行控制，明确质量记录的保存期限和地点，保证质量管理活动过程具有可追溯性。

(13) 纠正和预防措施

海事管理机构应建立纠正和预防措施的文件化程序，对不符合要求的情况的采集、原因分析、纠正措施的制定、实施与验证等活动进行控制，保证其及时得到纠正。对潜在的不符合要求的情况制定并采取适当和有效的预防措施，防止不符合要求的情况发生。纠正和预防措施应明确相应的记录并予以保持。

(14) 文件控制

海事管理机构应建立文件控制的文件化程序，对质量管理体系文件的拟定、审批、发布、识别、标识、流转、使用、保管、更新、作废和归档进行控制，受控文件清单应予以保存并及时更新，保证在使用场所获得适用文件的有效版本。文件控制应明确相应的记录并予以保持。

(15) 内部审核和管理评审

海事管理机构应建立内部审核和管理评审的文件化程序，对内部审核和管理评审计划的制定与审批、准备与实施、结果及处置等过程进行控制。

内部审核主要是检查质量管理体系的符合性，确定质量管理体系是否有效、连续运行，应由具有资格的审核员组成的审核组具体实施。内部审核活动每年至少进行 1 次。管理评审由最高管理者组织实施，评价质量管理体系的适宜性、充分性和提出持续改进的需要。管理评审活动每年应至少进行 1 次。

海事管理机构应在内部审核和管理评审结束后的 3 个月内，将内部审核和管理评审结果报主管机关。内部审核和管理评审应明确相应的记录并予以保持。

2. 实施船员管理质量管理体系应注意的问题

海事管理机构在实施船员管理质量管理体系时容易出现的问题，与船员培训质量管理体系大体类似，但也有一些特殊的问题需要引起注意。

(1) 处理好不同管理体系的关系

根据海事管理工作要求，海事管理机构往往建有履约管理体系、海事(服务、质量)管理体系、船员管理质量管理体系、船舶法定检验质量管理体系等类型。

船员管理质量管理体系既可纳入这些管理体系，也可独立运行。

如果船员管理质量管理体系纳入相应的海事履约管理体系或海事管理体系，当它们在管理体系标准、审核模式等方面存在差异时，需要处理好以下方面的关系。

① 管理体系文件架构在兼顾不同管理体系标准要求的基础上尽可能统一，对于管理体系标准有强制性文件(包括纪录)要求的必须满足，反之可以适当灵活安排，以形成统一和完整的管理体系。

② 设立统一的管理体系管理部门和职责分配，统筹实施管理体系方针、目标和各项管理活动的策划，合理配备审核员资源，协调安排管理体系内部审核和外部审核。在满足管理体系各项要求的基础上，减少重复工作，提高管理绩效。

(2) 处理好不同管理分工的关系

人员的重视程度决定了质量管理体系运行的效果。各个海事管理机构的组织结构和职责分配存在差异，船员管理过程涉及船员管理和其他不同的部门、分支机构。这些过程在非船员管理部门或分支机构的业务工作中占比不高，某种程度上会影响重视程度和管理体系的运行效果，需要海事管理机构的高层采取措施，推进非船员管理部门或岗位的人员对船员管理质量管理体系的重视和实施。

此外，一些分支机构在物理距离和业务条件等方面的差异也会对质量管理体系的运行造成不利影响，需要在审核安排等方面采取针对性的措施。

(3) 处理好对相关方的质量控制

随着船员管理业务的发展，正确识别和合理控制相关过程对于质量管理体系的运行效果也至关重要，例如涉及船员体检机构等相关方的质量控制问题。因此，既要做到覆盖的过程不留盲区，也要考虑合理性和操作性，真正发挥质量管理体系对相关过程的控制作用，保障质量目标的实现。

5.3　船员培训和船员管理质量管理体系外部审核与发证

船员培训机构应依据中华人民共和国海事局颁布的质量管理体系标准建立、实施船员培训质量管理体系。开展船员管理业务的海事管理机构应当依据上述标准建立与实施船员管理质量管理体系，并通过审核机构组织的质量管理体系审核，使培训机构的船员培训和海事管理机构的船员管理工作在质量管理体系的连续控制之下进行，以达到既定的目标。这里所说的船员管理包括船员注册、培训、考试、发证、服务、适任能力跟踪管理和海员健康证明管理等。

质量管理体系审核指为了确定质量管理体系是否按规定建立，质量管理活动是否按预定的程序进行，以及质量管理程序是否有效地贯彻并达到目标，而进行系统的、独立的检查。

质量管理体系审核分为内部审核和外部审核。内部审核指由培训机构或海事管理机构组织的具有资格的审核员进行的质量管理体系审核。外部审核指由审核机构组织进行的质量管理体系审核，包括初次审核、中间审核、换证审核、附加审核和跟踪审核。

中华人民共和国海事局作为主管机关和审核机构，负责组织实施海事管理机构船员管理质量管理体系审核、发证，以及外部审核员管理工作。

中华人民共和国海事局直属海事管理机构和省级地方海事管理机构作为审核机构，在主管机关授权范围内组织实施船员培训质量管理体系审核、发证，以及审核员管理工作。

培训机构的船员培训项目分属直属海事管理机构、省级地方海事管理机构管理的，其船员培训质量管理体系的审核机构由主管机关指定，审核工作由审核机构会同相关海事管理机构共同实施。

5.3.1 审核员

审核员指经主管机关认可，具备质量管理体系审核资格的人员。

审核机构在中华人民共和国海事局的授权范围内负责审核员的培训、考试、发证与管理工作。

(1) 审核员资格

根据《中华人民共和国航员教育、培训和船员管理质量管理体系审核员管理规定》审核员分为内部审核员和外部审核员。外部审核员又分为普通审核员和高级审核员。

初次申请内部审核员证书者，须满足以下条件。

① 未满 55 周岁，身体健康。

② 具有大专及以上学历，并具有中级及以上技术职务任职资格，或持有无限航区管理级适任证书，或担任副主任科员及以上行政职务。

③ 具有不少于 1 年与船员教育、培训相关的工作经历，或不少于 1 年与海事船员管理相关的工作经历。

④ 参加内部审核员培训并考试合格。

初次申请普通审核员证书者，须满足以下条件。

① 未满 55 周岁，身体健康。

② 具有大学本科及以上学历，并具有中级及以上技术职务任职资格，或持有无限航区管理级适任证书，或具有副主任科员及以上行政职务。

③ 具有不少于 2 年船员教育、培训的工作经历，或不少于 2 年海事船员管理的工作经历。

④ 参加普通审核员培训并考试合格。

初次申请高级审核员证书者，须满足以下条件。

① 未满 58 周岁，身体健康。

② 具有高级专业技术职务任职资格，或担任副处长及以上行政职务。

③ 具备普通审核员资格，并具有不少于 6 次的审核经历。

④ 参加高级审核员培训并考试合格。

申请内部审核员、普通审核员和高级审核员证书者，应向相应的审核机构提交申请。

完成内部审核员培训并经考试合格者,审核机构可为其签发内部审核员证书。完成普通审核员培训并经考试合格者，参加不少于 1 次外部审核全程见习后，经审核组考核称职，审核机构可为其签发普通审核员证书。完成高级审核员培训并经考试合格者，审核机构可为其签发高级审核员证书。

(2) 审核员证书再有效

审核员证书有效期为 5 年，有效期届满前应进行证书再有效。

满足以下条件，审核机构可为内部审核员证书进行再有效。

① 5 年内至少参加过 3 次相应的审核工作。

② 考核结果称职。

③ 参加再有效培训并考试合格。

满足以下条件，审核机构可为普通审核员或高级审核员进行证书再有效。

① 5 年内至少参加过 3 次相应的审核工作。

② 考核结果称职。

③ 参加再有效培训并考试合格。

申请内部审核员、普通审核员和高级审核员证书再有效者，应向相应的审核机构提交申请，经审查，符合再有效条件者，审核机构可给予相应的审核员证书再有效，换发审核员证书。

审核机构通过组织研讨、培训等方式，保持审核员的审核能力，提高审核员的审核水平。

(3) 审核员职责

① 服从审核机构调派，做好审核前准备工作。

② 遵守审核规定，自觉维护质量管理体系审核工作的信誉。

③ 有效地履行审核任务。

④ 向被审核单位及相关人员阐明审核的内容和方法。

⑤ 在确定的范围内按规定的程序和要求，公正地进行审核。

⑥ 客观地确定被审核单位质量管理体系实现既定质量目标的连续性和有效性，并清楚地提出不符合项或改进建议。

⑦ 编制审核文件，按要求提交文件，并确保特定文件的保密性。

⑧ 服从审核组长指挥，配合审核组协调开展审核工作。

(4) 审核组长职责

审核组长负责领导审核的实施，合理安排审核过程，统筹协调与被审核单位的沟通。其主要职责包括组织审核组内部会议，批准审核计划；向被审核单位宣布审核纪律、审核计划和审核结果；向被审核单位和有关人员阐明要求；组织与被审核单位的沟通；监督和考核审核组其他成员的审核工作；确定不符合项报告和建议项；主持编制审核报告。

(5) 审核组秘书职责

审核组秘书职责包括备齐审核工作文件；与被审核方就审核事务进行协调；根据审核组长安排，编制审核计划；主持首次会议、末次会议；编制建议项清单和不符合项分布表；整理审核资料。

(6) 审核员考核与处理

每次审核结束，审核组全体成员均需经过考核。审核组长应组织对审核员进行考核，并在审核员工作登记和考核表考核意见栏内填写考核意见。考核结果分为优秀、称职、不称职。

审核机构根据上报的审核文件、审核评价意见等对审核组长进行考核，并在审核员工作登记和考核表内填写考核意见。主管机关和审核机构通过观察、考核、搜集评价意见等方式对审核员的审核工作进行监督。出现以下情况之一的，审核机构应吊销审核员证书，被吊销审核员证书的审核员 2 年内不得再次申请审核员证书。

① 无任何正当理由不服从调派 2 次及以上。

② 考核结果不称职。

③ 审核出现重大质量问题或审核结论出现严重偏差。

④ 违反审核纪律或被审核单位举报有不正当行为并查证属实。

(7) 审核员档案

审核机构应建立审核员档案，对审核员培训、考试、考核、证书签发、再有效、吊销等管理活动进行记载，以保证档案能真实反映审核员完整的审核资历和工作水平，并具有可追溯性。

5.3.2 外部审核概述

(1) 审核目的

① 确定质量管理体系是否符合质量管理规则的要求。

② 确定质量管理体系是否符合培训机构开展船员培训或者海事管理机构开展船员管理工作的法律、法规、规章、规范性文件，以及技术规范、标准、大纲

等要求。

③ 确定质量管理体系能否连续、有效地实现保证培训机构开展船员培训或海事管理机构开展船员管理工作质量的既定目标。

④ 确定培训机构是否采取有效措施保证其满足开展相应船员培训项目的要求，培训课程是否满足船员培训大纲和水上交通安全、防治船舶污染等要求。

⑤ 促进被审核单位质量管理体系的有效运行和不断完善。

(2) 审核依据

质量管理体系审核的主要依据文件如下。

①《中华人民共和国船员培训和船员管理质量管理规则》。

②《中华人民共和国船员条例》《中华人民共和国船员培训管理规则》等其他有关的法律、法规、规章、规范性文件，以及相应的技术规范、大纲或纲要。

③ 中华人民共和国缔结或加入的相关国际公约。

④ 被审核单位的质量管理体系文件。

(3) 初次审核申请

初次审核指为向被审核单位第一次颁发质量管理体系证书而进行的质量管理体系审核，确定被审核单位的质量管理体系是否符合质量管理体系标准的基本要求，质量管理体系能否连续和有效地实现质量管理的既定目标，促进被审核单位的质量管理体系有效运行和不断完善。初次审核是对质量管理体系的全面审核。培训机构或海事管理机构应建立并运行质量管理体系至少三个月，且开展内部审核和管理评审后，可向审核机构提出初次审核申请，提交材料包括质量管理体系审核申请表，质量手册，质量管理体系文件清单，质量管理体系建立和实施情况报告，内部审核和管理评审报告，各船员培训项目场地、设施、设备，教学人员和管理人员符合相关要求且能保障培训质量的情况说明(适用培训机构船员培训质量管理体系)，经授权或申请授权的船员管理业务项目情况说明(适用海事管理机构船员管理质量管理体系)。

(4) 中间审核申请

中间审核指为进行质量管理体系证书有效期中间签注而进行的质量管理体系定期审核，检查被审核单位质量管理体系在运行中的连续性、有效性。尤其对质量管理体系实现既定质量目标的有效性做出客观的评价，是对质量管理体系的全面审核。

培训机构或海事管理机构应在质量管理体系证书签发之日起第二年至第三年提出中间审核申请，提交材料包括质量管理体系审核申请表；质量管理体系实施情况报告；质量管理体系文件修改情况说明；各船员培训项目场地、设施、设备，以及教学人员和管理人员符合相关要求且能持续保障培训质量的情况说明(适用培训机构船员培训质量管理体系)；船员管理工作开展情况说明(适用海事管理机构船员管理质量管理体系)。

(5) 换证审核申请

换证审核指为换发质量管理体系证书而进行的质量管理体系定期审核，确定被审核单位质量管理体系是否仍然符合质量管理体系证书的签发条件，是对质量管理体系的全面审核。

培训机构或海事管理机构应在质量管理体系证书有效期届满之日 3 个月前提出换证审核申请，提交材料要求与中间审核相同。

(6) 附加审核申请

附加审核指为验证被审核单位质量管理体系是否与变更培训机构船员培训项目或海事管理机构船员管理业务相适应而进行的质量管理体系审核，主要审核质量管理体系与变更船员培训项目或船员管理业务相关的文件修订和活动是否符合基本要求。

当培训机构变更培训项目、培训规模、培训地点、办学层次，以及向海事管理机构申请新增船员管理业务项目时，应申请附加审核。附加审核提交的材料包括质量管理体系审核申请表；质量管理体系文件修改情况说明；相关船员培训项目、培训场地、设施、设备的说明；教学人员和管理人员符合相应要求且能保障培训质量的情况说明(适用培训机构船员培训质量管理体系)；拟新增船员管理业务项目的可行性报告(适用海事管理机构船员管理质量管理体系)。

(7) 实施跟踪审核条件

跟踪审核指为验证被审核单位质量管理体系对培训机构船员培训质量控制或海事管理机构船员管理质量控制的有效性而进行的质量管理体系审核，主要审核与质量控制存在的问题相关的文件和活动是否符合质量管理规则的基本要求。培训机构具有以下情形之一，审核机构应对其实施跟踪审核。

① 船员培训活动的重大质量投诉得到证实。

② 船员培训监督检查发现质量管理体系连续和有效运行受到明显影响。

③ 船员培训监督检查发现的缺陷未按时纠正。

④ 连续 3 年船员考试一次性通过率低于 20%，或者平均通过率低于 50%。

⑤ 船员培训活动违反《中华人民共和国船员培训管理规则》相关规定并被行政处罚。

海事管理机构发生以下情形时，审核机构应对其实施跟踪审核。

① 船员管理工作中存在严重违规行为或重大问题。

② 发生其他可能影响海事管理机构船员管理质量管理体系有效性的重大事件。

(8) 审核申请受理与发证

审核机构根据培训机构或海事管理机构的审核申请，组织有资格的审核员组成审核组对其质量管理体系实施独立审核，以验证质量管理体系的符合性、有效性和连续性。审核机构根据审核结论及不符合项纠正情况，在审核结束之日起 3 个月内决定是否颁发质量管理体系证书或做相应的签注。质量管理体系证书有效期不超过 5 年，其有效性服从有效期内各次外部审核的结果。初次审核、中间审核、换证审核、跟踪审核未通过的，可在 3 个月后向审核机构申请初次审核。附加审核未通过的，可在 3 个月后重新申请附加审核。中华人民共和国海事局对质量管理体系审核未通过的海事管理机构，可采取暂停其开展船员管理业务或调整其船员管理业务授权的处理措施。审核机构应建立质量管理体系审核管理档案，保证审核工作具有可追溯性。

5.3.3　外部审核的准备与实施

(1) 审核准备

申请审核的单位应按照质量管理规则的要求向审核机构申请质量管理体系审核。申请质量管理体系审核应填写质量管理体系审核申请表，并附送相关材料。

接到审核申请后，审核机构应对申请材料是否齐全进行审查。申请初次审核的，还应对质量手册是否满足质量管理规则的基本要求进行审查。审查不合格的，审核机构应书面通知申请审核的单位并告知理由。审查合格的，审核机构对审核工作进行策划和准备，编制《质量管理体系审核安排方案》。此外，培训机构船员培训质量管理体系的《质量管理体系审核安排方案》还应经中华人民共和国海事局核准。

审核机构应于接到审核申请后的 20 个工作日内将《质量管理体系审核安排方案》通知被审核单位。

跟踪审核由审核机构决定并指派审核组实施。拒不接受跟踪审核的被审核单位，审核机构将对其质量管理体系证书作失效处理。

审核组至少由 3 名有资格的审核员组成，其中组长由具备高级审核员资格的人员担任。审核组应考虑审核员的资格、专业背景和知识结构，并遵循回避原则。审核时间视被审核单位情况、审核种类、审核组人数等情况确定。审核员调派的回避原则指审核员不应为与被审核单位有隶属关系、直接利益关系、直系亲属关系的人员；对于初次审核，组成审核组时，审核机构及其所属单位的审核员不应超过审核组人数的三分之一(适用培训机构船员培训质量管理体系)。

审核机构应在审核开始之日 3 个工作日前向审核员所在单位发出《审核员商调(邀请)函》。审核员应按时参加审核工作，因故不能按时参加的，应及时报告审核机构。

主管机关或审核机构可以采取派观察员等方式对审核工作进行监督，确保审核组按质量管理体系审核计划、程序和有关法律、法规进行审核，保障审核工作的客观和公正。

被审核单位应为审核员提供适合开展审核工作的场所等必要的支持及便利，并提供被审核单位的质量管理体系文件、质量管理体系受控岗位人员名单、质量管理体系外部审核、内部审核和管理评审的相关记录，以及受控文件清单等材料。

(2) 文件审核

审核组开始工作后，首先研究制定质量管理体系审核计划，经被审核单位确认、审核组组长批准后报审核机构。审核员按照质量管理体系审核计划进行文件审核，填写质量管理体系文件审核记录。文件审核主要包括以下内容。

① 审核质量管理体系文件是否满足质量管理规则的要求。

② 审核质量管理活动的所有过程是否被确定。该过程是否覆盖培训机构开展船员培训或海事管理机构开展船员管理工作的全过程，以及是否被恰当地形成文件。

③ 评价质量管理体系文件的完整性和符合性。

文件审核或现场审核发现重大不符合项的，审核不予通过。

文件审核未通过的，审核组出具质量管理体系审核文件审核报告，中止审核。

初次审核应形成质量管理体系文件审核报告，其他审核可不单独形成文件审核报告，但最终形成的质量管理体系审核报告应包括文件审核的结论。

(3) 首次会议

首次会议由审核组秘书主持，审核组全体成员、被审核单位的最高管理者、管理者代表和受控部门负责人参加。首次会议的主要包括以下内容。

① 审核组和被审核单位各自介绍到会人员。

② 被审核单位介绍质量管理体系运行的情况，包括质量管理体系文件的修订情况、质量管理体系适用的船员培训项目或船员管理业务；质量管理体系内部审核、管理评审和外部审核(初次审核除外)的情况；质量管理体系纠正与改进情况；质量管理体系文件和运行的优点、存在的不足，以及改进措施；船员培训项目的筹备(开展)情况，以及与《中华人民共和国船员培训管理规则》相关条件要求的符合情况(适用培训机构船员培训质量管理体系)。

③ 审核组组长通报文件审核结论，陈述审核目的、范围，介绍审核方法和程序，宣布审核纪律。

(4) 现场审核实施

审核员按照质量管理体系审核计划，采取现场观察、查阅记录和文件、访谈、操作测试、随机抽查教员教学等方式独立进行现场审核，并填写质量管理体系现场审核记录、船员培训项目场地设施设备现场审核记录(适用培训机构船员培训质量管理体系)、船员培训项目教学人员和管理人员现场审核记录(适用培训机构船员培训质量管理体系)。现场审核应覆盖质量管理体系基本要求的各个方面。现场审核的主要内容包括审核质量管理活动与质量管理体系文件的符合性；验证质量管理体系运行能否有效支持既定质量目标的实现；评价质量管理体系持续改进的能力；验证培训机构是否对每个船员培训项目的场地、设施、设备，以及教学人员和管理人员进行有效配置(适用培训机构船员培训质量管理体系)；验证培训机构是否对船员培训课程设置做出有效安排(适用培训机构船员培训质量管理体系)。

(5) 审核组结论

审核员应明确提出自己的审核意见，并拟定不符合项和建议项。不符合项指已发现的客观证据表明不满足某一具体规定要求的情况。不符合项分为一般不符合项和重大不符合项。

一般不符合指体系文件或质量管理体系的运行与体系审核要求和依据文件有较小的抵触或轻微的不符合，并且对质量管理体系连续、有效运行的影响表现为明显的偶然性或局限性。

重大不符合指体系文件或质量管理体系的运行与体系审核要求和依据文件有较大的抵触或严重的不符合。有以下情形之一的可确定为重大不符合。

① 质量管理体系文件没有完全覆盖质量管理规则的基本要求。

② 质量管理体系文件结构不完整，不符合质量管理规则对质量管理体系文件的要求。

③ 现场审核抽查的质量记录的三分之二未能提供。

④ 1 个及以上受控部门人员对相应的职责、管理程序不了解，不能提供规定的质量记录，或者实际工作与体系文件的规定严重不符。

⑤ 对质量管理体系连续和有效运行有明显影响，表现为系统性，并因此未达到既定的质量目标。

⑥ 船员培训项目所需关键场地、设施和设备配置不满足标准要求(适用培训机构船员培训质量管理体系)。

⑦ 船员培训教学人员配备不满足标准要求(适用培训机构船员培训质量管理体系)。

⑧ 船员培训课程未按要求经过海事管理机构确认(适用培训机构船员培训质量管理体系)。

建议项指审核组针对质量管理体系提出的改进意见。

审核组与被审核单位沟通文件审核情况后，由审核组组长组织召开内部会议，确定不符合项，编写质量管理体系审核不符合项报告，列出质量管理体系审核建议项清单，并形成质量管理体系文件审核报告(适用初次审核)或文件审核结论。

审核组与被审核单位沟通现场审核情况后，审核组组长组织召开内部会议，确定不符合项，编写质量管理体系审核不符合项报告，列出质量管理体系审核建议项清单，填写培训机构船员培训质量管理体系审核不符合项分布表(或海事管理机构船员管理质量管理体系审核不符合项分布表)，编制质量管理体系审核报告(包括审核的目的和范围)；审核的依据；审核日程安排；审核组成员名单；质量管理体系文件和运行的优点与不足；对质量管理体系与审核的依据文件的符合性的判断意见，以及对质量管理体系的连续性和有效性的评价；船员培训项目相关场地、设施、设备，以及教学人员和管理人员配置情况的总体评价(适用培训机构船员培训质量管理体系)；审核结论。

(6) 末次会议

末次会议由审核组秘书主持，参加人员与首次会议相同，包括如下内容。

① 审核组组长宣布审核结论，说明审核情况，对质量管理体系做整体评价，并提出整改要求。

② 被审核单位确认审核结论。

被审核单位对审核活动的公正性、客观性进行评价，审核结束后 1 周内将《质量管理体系审核组工作情况反馈意见》反馈给审核机构。

(7) 审核结论确认及质量管理体系证书签发

① 审核结论确认。审核组应在审核完成后的 5 个工作日内将质量管理体系审核报告送审核机构，并复印给被审核单位。被审核单位应在规定的时间内完成对不符合项的纠正，并在审核结束后的 3 个月内将纠正结果报送审核机构。审核机构应组织对不符合项的纠正情况进行验证。

审核机构应审查质量管理体系审核报告，确认审核结论及不符合项纠正情况，填写质量管理体系审核结果确认表。审核通过且同意审核结论，所有不符合项均已纠正，审核机构为被审核单位颁发质量管理体系证书或做相应的签注；审核不通过、不同意审核结论、不符合项有未纠正情况的时，审核机构不予颁发质量管理体系证书或做相应的签注，说明理由并书面告知被审核单位。

中华人民共和国海事局发现在质量管理体系审核过程中有影响审核的公正性或舞弊等情况时，审核结论不予承认，重新安排审核，并对当事审核员按照相关规定进行处理。

② 质量管理体系证书签发。审核机构根据审核结论及不符合项纠正情况，在审核结束之日起的 3 个月内决定是否颁发质量管理体系证书或做相应的签注。质量管理体系证书由主管机关统一印制。

质量管理体系证书有效期不超过 5 年，其有效性服从于有效期内各次外部审核的结果。初次审核、中间审核、换证审核、跟踪审核未通过的，可在 3 个月后向审核机构申请初次审核。附加审核未通过的，可在 3 个月后重新申请附加审核。

船员是水路交通运输的重要资源。在中国，海运承载着 50%以上的国内贸易运输和 90%的国际贸易运输，船员为中国港口吞吐量连年稳居世界第一做出了巨大贡献。航海院校等船员培训机构、海事管理机构通过建立和运行船员培训、船员管理质量管理体系，对船员培训、考试和发证活动进行控制，为国内外航运企业提供了大量的高素质船员，为水路运输系统的持续稳定运行做出了重要贡献。

参 考 文 献

[1] 鲍君忠, 姚曼华. STCW 公约对航海类院校船员教育与培训活动的实施要求[J]. 航海教育研究, 2013, 30(1): 18-20.

第6章 船舶营运安全管理体系

6.1 船舶营运安全管理体系发展沿革

6.1.1 ISM 规则产生背景

20 世纪 80 年代，一些船东为了压缩营运成本，不断减少船舶保养投入，延长老龄船舶使用年限，导致船舶技术状况变差；减少船舶配员，导致船员劳动强度不断增加，船舶事故率持续上升。为了躲避风险和船舶发生事故后的连带责任，选择在管理宽松和监管不严格的国家注册单船公司和方便旗船舶，一些无船经营人只管经营，不负责船舶安全管理，大量管理水平低下的船舶营运。此外，信息技术的发展提高了船岸通信的便利程度，船长现场决策权受到限制，岸基对船舶运营指挥内容不断增加，船员对岸基依赖性增强，现场管理者的责任心变差，导致船舶管理水平下降、事故增加。鉴于以上情况和人为因素的作用，IMO 不断修改国际公约提高船舶技术标准，出台保证船舶安全营运的综合管理规定，力图减少和避免由管理不当或操作失误造成的海上安全事故发生[1]。

1989 年，第 15 届 IMO 大会通过相关决议，将《船舶安全操作和防污染指南》作为附件，对船舶安全和防污染管理提出要求。一些航运大国纷纷将相关要求体现在航运监管和港口国安全检查中。指南的许多内容后来被广泛引用。

1981 年，IMO 首次提出船舶安全配员要求，要求船旗国主管机关签发明确船舶最低配员要求的书面证明文件。该文件应留船备查。

1991 年，IMO 根据《船舶安全操作和防污染指南》和各成员国实施情况，修订《船舶安全操作和防污染指南》，通过各成员国政府鼓励船东和船舶管理人、经营人采纳新指南的意见，要求海上安全委员会和环境保护委员会尽快制定更加详细的针对船舶安全操作和防止污染操作的监督指南。

1993 年，IMO 再次对《船舶安全操作和防污染指南》进行完善，拓宽指南适用范围，提出明确的管理目标，形成比较完善的 ISM 规则，并在第 18 届国际海事船舶公司大会上发布。为了加强对船舶操作性要求的监督检查，第 18 届国际海事船舶公司大会还通过 A.742(18)号决议及其附件《船舶安全和防止污染操作性要求监督程序》。

1994 年 5 月，第 63 届 IMO 海上安全委员会通过将 ISM 规则作为《1974 年国际海上人命安全公约》新增第 IX 章的决议。ISM 规则至此成为强制性规则，经过默认生效程序后于 1998 年 7 月 1 日开始在高速客船和部分危险品船正式实施。ISM 规则的核心是强制船舶管理公司通过建立和运行安全管理体系，规范航运公司和船舶安全管理，提高船舶安全管理水平，减少人为因素造成的海难事故发生概率，实现海上人命安全和环境保护的最终目标。

6.1.2　ISM 规则发展沿革

IMO 先后通过 2000 年修正案、2004 年修正案、2005 年修正案、2008 年修正案和 2013 年修正案等五个修正案对 ISM 规则进行优化。

2000 年 12 月，海上安全委员会决议通过 2000 修正案，增加“安全管理体系”等 9 个定义和说明；将原第 7 章的文字修改为“对涉及船舶安全和防止污染的关键性的船上操作，航运公司应建立有关方案和须知的制订程序，还包括核查清单。对所涉及的各项任务应做出明确规定并分配给合格的人员”；修改原第 13 章“发证和定期审核”，明确航运公司符合证明和船舶安全管理证书的审核与发证要求；增加第 14 章“临时证书”，对航运公司临时符合证明和船舶临时安全管理证书审核发证做出规定；增加第 15 章“审核”，要求 ISM 规则中的所有审核应按照主管机关可接受的程序，并考虑 IMO 制订的规则来进行；增加第 16 章“证书格式”，明确符合证明、安全管理证书、临时符合证明、临时安全管理证书应按 ISM 规则中附录范本的格式制成。明确符合证明仅对文件中指明的船型有效，只有在对航运公司其他船型符合 ISM 规则要求的能力进行审核后，才可增加其他船型，同时可对符合证明、临时符合证明中指明的船型签注。

2004 年 12 月，海上安全委员会通过 2004 修正案，于 2006 年 7 月 1 日起生效。其主要修改内容是在证书或者表格中增加检验完成的日期。

2005 年 5 月，海上安全委员会通过 2005 修正案，于 2007 年 1 月 1 日起生效。修正案要求在相关证书中增加航运公司识别号。

2008 年 12 月，海上安全委员会通过 2008 修正案，于 2010 年 7 月 1 日起生效。修正案明确了“未能有效或系统地实施 ISM 规则的要求”是构成重大不符合规定的情况之一；要求航运公司安全管理体系文件中增加对已标识风险评估的程序或有关操作须知中体现风险评估的内容，明确是对船舶、人员及环境已标识的所有风险，同时要体现航运公司对已标识的所有风险进行评估的过程及结果；要求航运公司根据自身情况确定船长复查安全管理体系，并向岸上管理部门报告其存在缺陷的期限；要求安全管理体系对船上关键性操作制定有关程序、方案或须知(包括必要的检查清单)，同时增加涉及人员安全的关键性船上操作；由原来要求安全管理体系中建立对紧急情况如何标识、描述和反应的程序改为要求安全管理体系中对紧急情况进行标识，并制定做出反应的程序；要求安全管理体系实施纠正措施程序中加入避免不符合规定情况、事故，以及险情重复发生措施的内容；

要求对可能由突发性运行故障导致险情的设备和技术系统进行标识；要求航运公司对船上及岸基实施内部评审的时间不超过 12 个月，最多不超过 15 个月；取消必要时对安全管理体系复查的环节和内容；增加安全管理证书换证审核在原证书有效期届满之日后进行，新证书自审核当日开始生效，有效期不超过原证书有效期后 5 年的规定；增加安全管理证书换证审核在原证书有效期届满之日前进行，新证书未签发或未到船，可以对原证书予以不超过 5 个月的展期签注；增加安全管理证书有效期届满，船舶不在预计审核的港口，主管机关可给予不超过 3 个月的展期，新的安全管理证书有效期不超过原有效期之后的 5 年；明确船舶临时安全管理证书审核发证时公司已做好三个月内对该船实施内部评审的计划[2]。

2013 年 6 月，海上安全委员会决议通过 2013 修正案，于 2015 年 1 月 1 日起生效。修正案在资源和人员部分，增加了要求配备的人员要满足船上各种安全操作的要求；在航运公司审核、复查和评价部分，增加了航运公司应定期核查受托承担涉及 ISM 规则事务的相关方开展的工作是否与 ISM 规则规定的航运公司责任相符。

6.1.3 ISM 规则国内化

为了保障水上交通安全，保护水域环境，中华人民共和国交通运输部根据 ISM 规则，结合我国实际情况，于 2001 年 7 月 20 日发布《中华人民共和国船舶安全营运和防止污染管理规则》(试行)，又称《国内安全管理规则》(简称 NSM 规则)，并对分批实施 NSM 规则的船舶做出规定[2]。

6.2 船舶营运安全管理体系标准概述

国际航行船舶营运安全管理体系标准目前使用的是 2015 版。NSM 规则目前使用的是 2001 年 7 月 12 日发布的版本。两个体系标准的原理和框架一致，都针对船舶在不同航区营运中存在的风险做了有针对性的规定，既保证了体系标准的全面性，又避免了给船舶和航运公司增加不切实际的要求[3]。

该体系标准包括一个总则和 16 个要素，具体分为 A 和 B 两个部分。A 部分“实施”，主要针对航运公司，内容包括 12 个要素。B 部分“审核发证”，主要针对船旗国主管机关及其认可的航运公司，内容包括 4 个要素。

6.2.1 国际航运公司安全管理体系标准 A 部分

这部分是针对安全管理体系文件提出的。航运公司(以下简称公司)可以根据公司的船队规模和资源状况建设安全管理体系，但无论公司管理文化如何，体系文件都必须符合 ISM 规则总则和 A 部分的 12 个要素。

1. 总则

总则相关章节的重点内容如表 6-1 所示。

表 6-1　总则相关章节的重点内容

相关章节		重点内容
1.1	1.1.1	ISM 规则指由 IMO 大会通过的国际船舶安全营运和防止污染管理规则
	1.1.2	公司指船舶所有人，或已承担船舶所有人的船舶营运责任，并在承担此种责任时同意承担本规则规定的所有责任和义务的任何船舶公司或法人，如管理人或光船承租人
	1.1.3	主管机关指船旗国政府
	1.1.4	安全管理体系指能使公司人员有效实施公司安全和环境保护方针的结构化和文件化的体系
	1.1.5	符合证明指签发给符合 ISM 规则要求的公司的文件
	1.1.6	安全管理证书指签发给船舶，表明其公司和船上管理已按照认可的安全管理体系运作的文件
	1.1.7	客观证据指通过观察、衡量或测试获得，并能被证实的有关安全或安全管理体系要素存在和实施的量或质的信息、记录或事实声明
	1.1.8	评述指在安全管理审核过程中做出的，由客观证据证实的事实声明
	1.1.9	不符合规定情况指客观证据表明不满足某一具体规定要求的可见情况
	1.1.10	重大不符合规定情况指对人员或船舶安全构成严重威胁或对环境构成严重危险，并需要立即采取纠正措施的可辨别的背离，或未能有效或系统地实施本规则的要求
	1.1.11	周年日指对应于有关文件或证书有效期届满之日的每一年中的该月该日
	1.1.12	公约指经修正的 1974 年国际海上人命安全公约
1.2	1.2.1	规则的目标是保证海上安全，防止人员伤亡，避免对环境，特别是对海洋环境和财产造成损失
	1.2.2	公司的安全管理目标应当包括提供船舶营运的安全做法和安全工作环境；对其船舶、人员及环境已标识的所有风险进行评估并制定适当的防范措施；不断提高岸上及船上人员的安全管理技能，包括安全及环境保护方面的应急准备
	1.2.3	安全管理体系应当保证符合强制性规定及规则；对国际海事船舶公司、主管机关、船级社和海运行业船舶公司建议的适用规则、指南和标准予以考虑
1.3		适用于所有船舶
1.4		安全管理体系的功能要求，即每个公司均应建立、实施并保持包括安全和环境保护方针；确保船舶的安全营运和环境保护符合国际和船旗国有关立法的须知和程序；船、岸的人员权限和相互间的联系渠道；事故和不符合规定情况的报告程序；对紧急情况的准备和反应程序；内部审核和管理复查程序

2. 安全和环境保护

安全和环境保护相关章节的重点内容如表 6-2 所示。

表 6-2　安全和环境保护相关章节的重点内容

相关章节	重点内容
2.1	公司应当制定安全和环境保护方针，说明如何实现 1.2 所述目标
2.2	公司应当保证船岸各级机构均能执行和保持此方针

3. 公司的责任和权利

公司的责任和权利相关章节的重点内容如表 6-3 所示。

表 6-3　公司的责任和权利相关章节的重点内容

相关章节	重点内容
3.1	如果负责船舶营运的实体不是船舶所有人，则船舶所有人必须向主管机关报告该实体的全称和详细情况
3.2	公司应当保证船岸各级机构均能执行和保持此方针
3.3	对涉及、影响安全和防止污染工作的管理、执行，以及审核的所有人员，公司应当以文件形式明确规定其责任、权利及其相互关系

4. 指定人员

为保证船舶的安全营运，提供公司与船舶间的联系通道，公司应当根据情况指定一名或数名能直接同公司最高管理层联系的岸上人员。指定人员的职责和权利应该包括对各船的安全营运和防止污染方面进行监控，并确保按需要提供足够的资源和岸基支持。

5. 船长的责任和权利

船长的责任和权利相关章节的重点内容如表 6-4 所示。

表 6-4　船长的责任和权利相关章节的重点内容

相关章节	重点内容
5.1	公司应当以文件形式明确船长的责任，即执行公司安全与环境保护方针；激励船员遵守该方针；以简明的方式发布响应的命令和指令；审核具体要求的遵守情况；定期复查安全管理体系并向岸上管理部门报告存在的缺陷

续表

相关章节	重点内容
5.2	公司应当保证在船上实施的安全管理体系中包含一个强调船长权利的明确声明。公司应当在安全管理体系中确立船长的绝对权利和责任，以便做出关于安全和防止污染事务的决定，并在必要时要求公司给予协助

6. 资源与人员

资源与人员相关章节的重点内容如表 6-5 所示。

表 6-5　资源与人员相关章节的重点内容

相关章节	重点内容
6.1	公司应当保证船长具有适当的指挥资格；完全熟悉公司的安全管理体系；得到必要的支持，以便可靠地履行其职责
6.2	公司应确保每艘船舶根据本国和国际有关规定，配备持证且健康的船员；配备满足船上各种安全操作要求的合适的人员
6.3	公司应当建立有关程序，保证涉及安全和环境保护工作的新聘和转岗人员适当熟悉其职责。凡须在开航前发出的重要指令均应标明并以文件形式下达
6.4	公司应当保证与其安全管理体系有关的所有人员充分理解有关法规、规定、规则和指南
6.5	公司应当建立并保持有关程序，以便标识为支持安全管理体系可能需要的任何培训，并保证向相关人员提供这种培训
6.6	公司应当建立有关程序，以使船上人员能够借此以一种或几种语言获得有关安全管理体系的信息
6.7	公司应当保证船上人员在履行其涉及安全管理体系的职责时能够有效地交流

7. 船上操作方案的制定

对涉及人员、船舶安全和防止污染的关键性的船上操作，公司应当建立制定有关程序、方案或须知，包括必要的检查清单。与之相关的各项工作，公司应当明确规定并分配给适任人员。

8. 应急准备

应急准备相关章节的重点内容如表 6-6 所示。

表 6-6　应急准备相关章节的重点内容

相关章节	重点内容
8.1	对船上可能出现的紧急情况，公司应当予以标识，并制定反应程序
8.2	公司应当制定应急训练和演习的计划
8.3	安全管理体系应提供措施，确保公司有关机构能在任何时候对船舶所面临的危险、事故和紧急情况做出反应

9. 不符合规定情况、事故和险情的报告和分析

不符合规定情况、事故和险情的报告和分析相关章节的重点内容如表 6-7 所示。

表 6-7　不符合规定情况、事故和险情的报告和分析相关章节的重点内容

相关章节	重点内容
9.1	安全管理体系应当包括确保向公司报告不符合规定情况、事故和险情并对其进行调查和分析的程序，以便改进安全和防止污染工作
9.2	公司应当制定实施纠正措施的程序，包括避免不符合规定情况、事故、险情重复发生的措施

10. 船舶和设备的维护

船舶和设备的维护相关章节的重点内容如表 6-8 所示。

表 6-8　船舶和设备的维护相关章节的重点内容

相关章节	重点内容
10.1	公司应当建立有关程序，保证船舶按照有关规定、规则，以及公司可能制定的任何附加要求进行维护
10.2	公司应当保证按照适当的间隔期进行检查；任何不符合规定情况得到报告，并附可能的原因；采取适当的纠正措施；保存这些活动的记录
10.3	公司应当标识可能由突发性运行故障导致险情的设备和技术系统。安全管理体系应当提供旨在提高这些设备和系统可靠性的具体措施
10.4	10.2 所述的检查和 10.3 提及的措施应纳入船舶的日常操作性维护

11. 文件

文件相关章节的重点内容如表 6-9 所示。

表 6-9　文件相关章节的重点内容

相关章节	重点内容
11.1	公司应当建立并保持有关程序，以便控制与安全管理体系有关的所有文件和资料
11.2	公司应当保证各有关部门均能够获得有效的文件；文件的更改应由经授权的人审查批准；被废止的文件应及时被清除
11.3	应当以公司认为的最有效的方式保存安全管理手册。每艘船舶均应配备相关的全部文件

12. 公司审核、复查和评价

公司审核、复查和评价相关章节的重点内容如表 6-10 所示。

表 6-10　公司审核、复查和评价相关章节的重点内容

相关章节	重点内容
12.1	公司应当在不超过 12 个月的间隔期内对船上及岸基实施内部审核，核查安全和防止污染活动是否符合安全管理体系的要求。特殊情况下，间隔期不应超过 15 个月
12.2	公司应定期核查所有受托承担涉及 ISM 事务的相关方开展的工作是否与规则规定的公司责任相符
12.3	公司应当根据制定的有关程序定期评价安全管理体系的有效性
12.4	审核及可能采取的纠正措施应当按文件规定的程序进行
12.5	除非受公司规模和性质的限制，实施审核的人员应当不从属于被审核的部门
12.6	审核及复查的结果应当告知所有负有责任的人员，并提请他们注意
12.7	负有责任的管理人员应当对发现的缺陷及时采取纠正措施

6.2.2　国际航运公司安全管理体系标准 B 部分

这部分是对船旗国主管机关及其认可的机构为船舶管理公司签发符合证明(document of compalance，DOC)和为船舶签发安全管理证书(safety management certificate，SMC)的相关指导意见。

1. 发证和定期审核

发证和定期审核相关章节的重点内容如表 6-11 所示。

表 6-11　发证和定期审核相关章节的重点内容

相关章节	重点内容
13.1	船舶应当具有与该船相关的符合证明，或由具有符合 14.1 要求的临时符合证明的公司营运
13.2	符合证明应由主管机关及其认可的机构签发，或应主管机关的请求由另一缔约国政府签发。符合证明的有效期由主管机关确定，一般不超过 5 年。该证明应当被视为该公司能够符合本规则要求的证据
13.3	符合证明只对其载明的船舶种类有效。载明的船舶种类以初次审核认定的船舶种类为依据。其他船舶种类只有在审核其公司的能力满足此类船舶种类的要求时才能被载入
13.4	符合证明的有效性应服从主管机关或主管机关认可的机构，或者应主管机关的请求由另一缔约国政府，在周年日前或后 3 个月内实施年度审核
13.5	如果没有申请 13.4 要求的年度审核，或者有证据表明存在重大不符合规定情况，主管机关或应主管机关的请求签发证书的缔约国政府应当收回符合证明。如果收回符合证明，安全管理证书、临时安全管理证书也应收回
13.6	船上应当保存一份符合证明的副本，以便船长被要求时出示给主管机关或主管机关认可的机构查验，以及用来接收公约 IX/6.2 规定的监督检查。该副本不必是签发的原件
13.7	在审核该公司及其船上的管理确已按照经认可的安全管理体系运作后，签发的安全管理证书有效期不超过 5 年。该证书应视为船舶符合规则要求的证据
13.8	安全管理证书至少进行一次中间审核。如果只进行一次中间审核，且证书的有效期为 5 年，中间审核应当在证书的第 2 和第 3 个周年日之间进行
13.9	如果没有申请 13.8 要求的中间审核，或有证据表明存在重大不符合规定情况时，主管机关或应主管机关的请求签发证书的缔约国政府应当收回安全管理证书
13.10	当换证审核在符合证明或安全管理证书有效期届满之前 3 个月内完成时，新签发的符合证明或安全管理证书应当自完成换证审核之日起有效，且有效期自原证书有效期届满之日起不超过 5 年
13.11	当换证审核在符合证明或安全管理证书有效期届满之前 3 个月前完成时，新签发的符合证明或安全管理证书应当自完成换证审核之日起有效，且有效期自完成换证审核之日起不超过 5 年

续表

相关章节	重点内容
13.12	当换证审核在原安全管理证书有效期届满之日后完成时，新签发的安全管理证书应当自完成换证审核之日起有效，且有效期自原证书有效期届满之日起不超过 5 年
13.13	如果在原安全管理证书有效期届满日前换证审核已完成，但新证书还未签发或未到船，主管机关或主管机关认可的机构可以对原证书予以不超过 5 个月的展期签注
13.14	当原安全管理证书有效期届满时，如果船舶不在将要进行审核的港口，主管机关可以对其安全管理证书有效期予以不超过 3 个月的展期，但此种展期只能是在适当、合理的情况下，并且是出于允许该船航行至接受审核的港口的目的。被给予证书展期的船舶达到接受审核的港口后，在没有取得新证书的情况下不允许离港。换证审核完成后，新安全管理证书的有效期自原证书展期前届满日起不超过 5 年

2. 核发临时证书

核发临时证书相关章节的重点内容如表 6-12 所示。

表 6-12　核发临时证书相关章节的重点内容

相关章节	重点内容
14.1	公司新成立，或现有符合证明新增船舶种类时，为便利其初始实施规则，在审核该公司建立的安全管理体系满足规则 1.2.3 的目标要求后，可向其签发临时符合证明，但前提是该公司已做出在临时符合证明有效期内运行满足规则全部规定的安全管理体系的计划
14.2	新造船交付使用；公司新承担一艘船舶的营运责任；船舶换旗的情况下，可向船舶签发临时安全管理证书
14.3	特殊情况下，可以对临时安全管理证书做自其届满之日起不超过 6 个月的展期
14.4	临时安全管理证书应在审核下述情况后签发给船舶，即符合证明或临时符合证明覆盖了该船种；公司在该船实施的安全管理体系涵盖规则的关键要素，并在签发符合证明的审核中已做评估或在为签发临时符合证明的审核中已经表明；公司已做好 3 个月内对该船实施内部评审的计划；船长和高级船员熟悉安全管理体系及对其实施的计划安排；已标明的重要指令在开航前已下达；已用工作语言或船上人员懂得的其他语言提供了有关安全管理体系的信息

3. 审核

规则要求的所有审核应当按照主管机关认可的程序进行。

4. 证书格式

证书格式相关章节的重点内容如表 6-13 所示。

表 6-13 证书格式相关章节的重点内容

相关章节	重点内容
16.1	符合证明、安全管理证书、临时符合证明、临时安全管理证书应当按照 ISM 规则附录所示格式制作。如果所用语言既非英文又非法文，证书文字应当包含其中一种
16.2	除了 13.3 的要求，符合证明和临时符合证明中载明的船舶种类可以加以签注，以便反映安全管理体系规定的对船舶营运的限制

6.2.3 国内航运公司安全管理体系标准

NSM 规则与 ISM 规则的不同之处如下。

① NSM 规则中的公司特指中国籍船舶所有人，或者已承担船舶所有人的船舶营运责任并同意承担 NSM 规则规定的所有责任和业务的船舶公司，如船舶管理人或光船承租人。

② NSM 规则中的主管机关特指中华人民共和国海事管理机构。

③ NSM 规则用水域环境代替了 ISM 规则中的海域环境。

④ NSM 规则适用的范围是国内航行船舶及其公司。

⑤ 国内航行船舶不必符合国际立法，所有 NSM 规则用有关规定和标准代替 ISM 规则中有关的国际和船旗国立法。

⑥ NSM 规则用程序和须知替代 ISM 规则中的程序和须知，并将程序放在须知之前，表示二者的优先关系。

⑦ NSM 规则用内部评审和有效性评价替代 ISM 规则中的内部评审，可以避免引起对内部评审和有效性评价两项不同工作的混淆。

⑧ NSM 规则在公司的责任与权利部分，要求高于 ISM 规则，要求船东和实际管理船舶的责任人，在签订船舶委托管理协议时要向主管机关报告。

⑨ NSM 规则关于指定人员为船舶提供足够的资源和岸基支持，明确要求公司提供给指定人员，再由指定人员提供给船舶。

⑩ NSM 规则对指定人员的责任和权利表述更明确，指定人员的责任和权利增强了对岸上机构安全管理活动的监控。

⑪ NSM 规则对船员获得有关安全管理体系信息要求的时效性更高，要求及时“获得”，但取消了不适用的语言规定。

⑫ NSM 规则对于涉及船舶安全与防止污染的关键性操作，比 ISM 规则要求更高。ISM 规则只要求明确规定并分配给适任人员，NSM 规则改为明确规定由适任人员承担。

⑬ 关于审核管理，NSM 规则不要求考虑国际海事船舶公司的要求，有关审核发证的规则和程序完全由中华人民共和国海事局制定。

⑭ NSM 规则要求的符合证明、安全管理证书、临时符合证明、临时安全管理证书由中华人民共和国海事局确定格式并统一制作。

6.3　船舶营运安全管理文件概述

ISM 规则和 NSM 规则都要求航运公司建立安全管理体系文件，并作为其开展安全与防止污染管理的唯一依据。

航运公司安全管理体系文件是体系标准的落实和细化，编写应满足体系标准要求，力求简化、直观和易执行。航运公司应结合本公司的实际，将船舶操作规程按文件控制要求纳入体系受控。航运公司应按行业要求配备岸基管理人员，并根据岸基管理人员和船员配备情况编写相应的岗位职责。安全管理体系文件一般包括安全管理手册、程序文件、操作文件、岗位职责、记录，以及外来文件。

6.3.1　安全管理手册

安全管理手册是公司安全管理体系的精髓和灵魂，阐述建立安全管理体系的目的、公司安全管理目标、安全管理具体标准、安全和环境保护方针、安全管理机构等，并对体系文件中的专用名词进行定义。安全管理手册用来指导员工熟悉和实施公司的安全管理体系，同时供主管机关和港口国了解公司安全管理体系。

安全管理手册分章节阐述和说明如何实施安全管理体系，内容包括目录、定义、适用范围、安全与防污染方针和目标、公司的责任与权利和组织结构、指定人员、船长的责任和权利等，同时阐述资源和人员、船上操作方案的制定、应急准备、不符合规定情况、事故和险情报告和分析、船舶和设备维护、文件、内部审核、有效性评价、管理复查等内容。为方便船岸人员了解体系文件的内容，主管机关通常建议公司编制有效文件总清单，反映所有文件名称、编号、批准人、生效日期、相关部门和岗位等信息。此外，该清单也要纳入体系文件控制范围，与体系文件同步更新。所有船舶都要配备全套体系文件，包括本船适用的单船操作文件。

6.3.2 程序文件

程序文件是为满足体系标准要求制定的管理活动所依据的文件，一般包括保证船长适当指挥资格和完全熟悉安全管理体系程序；船员聘用和配备程序；新聘和转岗人员职责熟悉程序；人员培训程序；安全管理信息传递和保证有效交流程序；制定关键性船上操作方案和须知程序；船上紧急情况的标明和反应程序；应急训练和演习程序；不符合、事故和险情的报告，以及调查和分析程序；实施纠正程序；船舶和设备的维护保养程序；关键性设备和技术系统的标识和提高可靠性的保障程序；文件和资料控制程序；安全管理体系内部评审程序；有效性评价和管理复查程序。

程序文件内容一般包括目的、定义、职责、工作流程/工作要求、活动记录、相关文件等。工作流程的重要环节应明确工作要点、考虑因素和处理原则等。相关文件包括安全管理须知、附件或附录。程序文件应全面覆盖体系标准要求，做到措辞准确、条理清楚、流程顺畅，同时注意符合性和可操作性。

6.3.3 操作文件

操作文件也称须知文件，包括具体的操作规程和注意事项。操作文件应符合强制性规定和建议性指南，覆盖程序文件的规定要求，适合公司自身的需要，满足公司所有船种。按照操作发生的场所，操作文件又可分为公司操作文件、船舶通用操作文件和单船操作文件。

① 公司操作文件。公司操作文件是为程序文件在岸基管理部门实施而制定的岸基操作指导文件，通常包括文件编写须知、指定人员工作须知、部门职责、岗位责任权利和相互关系、船岸通信联络须知、船舶设备档案岸上管理须知、航海图书资料岸上管理须知、船舶证书岸上管理须知、公司对船舶体系运行检查须知、船舶安全检查管理须知、岸基紧急情况处置须知、船岸应急反应须知、船舶修理和技术改造管理须知、老旧船舶管理须知、相关方管理须知、体系运行监控须知、外部审核须知等。

② 船舶通用操作文件。船舶通用操作文件是为程序文件在船舶实施而制定的适用于公司所有船舶的操作指导文件，通常按船上操作性质进行分类。

③ 单船操作文件。单船操作文件是为程序文件在特定类型的船实施，并根据船舶的特有设备编制的操作指导文件。编写的主要依据是设备说明书。

6.3.4 其他安全管理体系文件

① 岗位职责。岗位职责是规定体系内各岗位职责权限的文件，包括体系内的所有岗位。不同航运公司相关内容的表述略有差别。

② 记录。记录是公司安全和防污染活动的输出和证据。公司体系文件应根据体系标准对记录控制进行规定，包括记录的范围、形式、标识、格式、保存要求等。公司船岸人员应根据体系文件要求记载和保存记录，并在受审核时提供。

③ 外来文件。外来文件是航运公司应遵守的安全和防污染的相关法律、法规、国际公约、规章、规范和标准，应遵照安全管理体系文件控制要求进行控制。航运公司可建立外来文件清单并动态更新。公司安全管理体系文件可直接引用外来文件的规定，也可在程序文件或操作文件中对外来文件规定予以细化，进一步明确相关要求。

6.4　船舶营运安全管理体系实施与监控

6.4.1　文件管理

① 内部文件控制。安全管理体系主管部门负责组织安全管理体系文件控制，包括文件起草、编号、修改和分发。电子版文件可通过公司办公网络或以光盘等媒介发放。安全管理体系主管部门定期对体系文件进行评审，必要时对文件进行修改。

船长负责船上体系文件的控制，按要求进行复制、更换、清除和销毁。各船舶的操作手册按统一的要求进行编制、修改和控制。

② 外来文件控制。公司文件总清单中应标明有关船舶安全和防污染外来文件，并由指定部门负责收集和发放。公司岸基各部门应根据文件总清单，控制本部门外来文件，确保持有外来文件的最新有效版本。船长负责船上外来文件的控制，按公司有关须知的要求建立登记表，并进行更新和清除。

6.4.2　记录管理

(1) 记录编制原则

① 充分性和必要性。记录作为基础性和依据性文件，应尽可能全面地反映船舶安全营运的过程和结果。既要考虑记录的充分性，力求记录充分和完整，又要考虑记录的必要性，记录并非越多越好。合适的做法是只选择那些必要的原始信息作为记录。

② 真实性和准确性。只有真实准确的记载信息，才能为有效运行船舶安全营运管理体系和持续改进提供可靠的依据。在确定记录格式和内容的同时，应考虑使用者填写方便，保证在现有条件下准确地获取所需的信息。填写记录应真实、准确、客观。

③ 规范化和标准化。在建立船舶安全营运管理体系过程中，应对现行的记录

进行分析，废除多余的记录，修改不适用的记录，沿用有价值的记录，增补必需的记录。应尽量采用国际、国内或行业标准的记录名称和格式，使记录更加规范化和标准化。对于同一种活动的记录格式应当固定，不能随意变更，如果需要修改，应规定一个统一的时间开始使用新记录格式。

(2) 记录填写要求

① 用笔要求。填写用笔要考虑其字迹持久性和可靠性，可以用钢笔或签字笔，不使用易褪色笔。

② 保持原始性。记录要根据现场活动及时，如实填写，不允许事后补记录、修改记录。

③ 清晰准确。填写要正确和清晰，语言和用字要规范。

④ 笔误处理。不要在笔误处涂抹或用修改液掩盖，应在笔误的文字或数据上画一横线，再在笔误处的上行间或下行间填上正确的文字和数值。

⑤ 空白栏目填写。可在空白栏中部位置画一横线，表示记录者已经关注这一栏目，以一横线代之。如果纵向有几行均无内容填写，可用一斜线代之，也可直接填写“无”。

⑥ 签署要求。记录中的签署，无论是作业后签署，还是审定签署，都是职责权限、相互关系和过程控制的体现，应签署全名。

(3) 记录管理和控制

① 标识。记录应具有唯一性标识，便于归档和检索。标识内容一般包括编号、名称、序号等。

② 保管。记录应按照体系文件规定保管，一般由专人或专门部门负责，应建立保管制度，保管方式应便于检索和使用，保管环境应安全可靠，应做到干燥、通风、防火、防蛀，防止损坏、变质和丢失。如果法规或合同等对记录保管期限无特殊要求，公司可根据实际需要规定期限。

③ 检索。应当对记录进行编目。编目具有引导和路径作用，便于记录查阅和使用。记录纳入计算机管理是比较好的做法。编制电子索引可以提高检索和查阅的效率。

④ 处置。记录应按体系文件规定的期限和方式进行登记、存档、销毁等，不得随意处理。

6.4.3　内部审核

内部审核是由公司管理人员通过核查体系文件在公司领导层、各层级的岸基管理部门和船舶的执行情况，验证公司船岸安全管理活动是否符合公司管理体系的要求。体系标准要求公司体系文件中应建立内部评审程序，对公司内部评审策划和实施进行规范。一次全面的内部评审应该包括内部评审的策划、计划编制和实施、内部评审报告、活动跟踪和内部评审记录。内部评审范围应包括岸基和船舶。

6.4.4　体系监控

对管理过程和体系绩效进行监控，旨在及时了解体系运行情况，发现和纠正不合格项，确保各项管理活动符合规定要求。体系监控包括公司督察、部门专项检查、岸基管理部门自查、船舶自查等。监控发现的不合格按不合格项、险情、事故报告和分析程序的规定执行。

① 公司督察。公司安全管理体系主管部门结合安全管理活动组织督察，包括船舶设备运行情况、港口国检查/船旗国检查情况、船舶不合格项、险情或事故发生情况、顾客投诉情况，以及国际公约、国内法规变更情况对船舶抵港检查。每年督察范围应覆盖体系内所有的岸基部门和 20%的船舶。督察小组根据主管部门制订的督察计划对抵港船舶进行检查，通过对相关部门或岗位检查发现并督促问题得到及时、有效解决。督察结果报公司分管领导，必要时追究相关部门的管理责任。

② 部门专项检查。公司岸基部门根据自身职责对船舶实施专项检查，并抽查前次检查发现的不合格项或问题纠正情况，检查结束后填写船舶检查报告。部门专项检查年覆盖面应达 100%，每半年汇总检查情况，填写船舶检查情况汇总表。

③ 岸基管理部门自查。岸基管理部门对照体系文件要求，对管理体系在本部门的运行情况进行自查，填写部门检查报告。

④ 船舶自查。船舶按照体系文件要求每季度对本船安全情况进行一次自查，并填写船舶自查记录。自查结束后，船长填写船舶检查报告。为迎接港口国或船旗国检查，船舶在抵港前可选择船舶自查记录中关键项目或选择其他相关项目开展自查，并填写船舶自查记录。

6.4.5　管理评审

管理评审是最高管理者为确定体系达到规定目标的适宜性、充分性、有效性而对管理体系进行的系统评价。管理体系文件规定的每年一次管理评审即体系有效性评价。根据出现的特殊情况增加的管理评审即体系复查。

(1) 船舶管理复查

船舶管理复查每年进行一次，原则上应在内部评审前完成。船长召开由部门长参加的管理复查会议，对体系运行情况进行复查，提出问题和改进措施。船舶管理复查包括但不限于以下内容：上次管理复查决定及实施情况；前次内部评审不合格项纠正情况；前次管理复查以来港口国/船旗国检查情况(如缺陷、滞留及其原因、纠正情况等)；前次管理复查以来不合格项、险情、事故报告及纠正情况；

有关国际公约、国内法规执行情况；每季度的船舶自查及纠正措施落实情况；船员培训情况；管理体系运行有效性评价；对管理体系文件的更改建议。船长起草船舶管理复查报告并上报公司。船舶管理部门汇总分析船舶上报的报告，作为公司管理评审输入。

船舶管理复查中提出的纠正措施和预防措施，按纠正和预防措施程序执行。

(2) 管理评审

公司总负责人主持管理评审，一般以会议形式进行。参加人员为公司副总经理、安全经理、体系内各部门负责人等。管理评审输入包括上次管理评审报告及实施情况；年度内、外部评审核情况；船舶管理复查情况；船东反馈汇总情况；过程状况和服务符合性；纠正和预防措施有关信息；公司安全、质量、环境保护、职业健康安全方针和目标、指标实现情况；环境/职业健康安全管理方案完成情况；事故报告及分析情况；公司经营决策、机构、主要人员调整情况，资源使用情况；运输市场、社会需求、相关方关注，以及国内外法律、法规变化情况；改进建议。

管理评审会内容包括评价管理体系适宜性、充分性和有效性；评价公司结构(包括人员和资源)合理性；评价公司体系对国内外有关法律、法规、规章的符合性；评价管理体系对运输市场、社会要求和环境、职业健康安全要求的适宜性；评价公司安全目标的实现程度。

经公司负责人批准的管理评审报告正式下发到各有关部门及人员。安全管理体系主管部门根据管理评审报告内容，填写管理评审决定实施情况表。有关责任部门应在规定期限内落实管理评审决定，并在管理评审决定实施情况表中报告。公司有关人员对管理评审会议决定落实情况进行验证，并作为下一次管理评审依据。管理评审决定如涉及体系文件修改，按体系文件控制程序执行。

6.4.6　外部审核

(1) 审核组织

中华人民共和国海事局是船舶营运安全管理体系审核的主管机关，在充分考虑 IMO 相关指南的前提下发布《航运公司安全管理体系审核发证规则》。2018 年，中华人民共和国海事局印发《涉外航运公司安全管理体系委托审核发证管理规定》，进一步明确中国籍航运公司安全管理体系审核必须由中华人民共和国海事管理机构实施。船舶的安全管理体系审核可以由中华人民共和国海事管理机构组织实施，也可以由受委托的机构及授权的航运公司按照主管机关确定的审核发证权限开展审核发证工作。《航运公司安全管理体系审核发证规则》规定的审核种类如下。

① 对公司的审核种类包括临时审核、初次审核、年度审核、换证审核、跟踪

审核、附加审核。

② 对船舶的审核种类包括临时审核、初次审核、中间审核、换证审核、附加审核[3]。

航运公司至少提前 10 个工作日向公司注册地的海事管理机构申请。海事管理机构收到申请材料后，进行审查，对船舶不属于本机构管辖范围的，做出不予受理决定，并告知公司其管辖机构；申请材料审查未通过的，在 5 个工作日内书面告知补充材料；申请材料审查通过后，审核发证机构协调安排审核组对船舶进行审核。审核组成员不一定是接受申请的海事管理机构自有人员，可以是船舶接受审核时靠泊港口的海事管理机构人员。

航运公司向中国船级社申请对船舶进行审核时应使用审核机构固定格式申请表，直接向船舶计划接受审核的港口所在地的中国船级社分支机构申请，中国船级社分支机构在收到公司申请后，告知审核安排。

(2) 审核注意事项

交通运输部各直属海事管理机构具体组织辖区范围的审核工作，严把审核质量关，督促航运公司强化体系文件的针对性和可操作性，确保安全管理体系有效运行，对总经理、指定人员和船长三个岗位实施重点审核。对于客船(包括普通客船、高速客船、载客高速艇、客滚船)、危险品船公司，在安排代表船审核时，加强统筹协调，合理安排公司、船舶审核时间和人员，在代表船选取原则不变的情况下，至少一艘代表船审核与公司岸基活动审核同时进行或至少一名代表船审核员(观察员)参与公司审核，并在审核过程中对相关情况进行船、岸对比核实，提高审核质量。为提高审核质量，规范外部审核活动，交通运输部海事局还制订了审核规范，实行标准化审核工作。

文件审核从三个方面展开：一是公司体系文件与 ISM 规则或 NSM 规则的覆盖性和符合性；二是公司体系文件符合强制性规定情况；三是公司体系文件适用相关建议、指南及标准情况。此外，临时审核还应验证体系文件按照规则要求 6 个月内运行安全管理体系计划的可行性。审核项目依据审核种类、船舶种类、航区等因素确定。基本原则是，临时审核主要审核管理体系文件符合性和覆盖性；初次审核全面审核公司体系文件；年度审核重点审核管理体系文件修改部分，以及强制性规定出台、修改或废止对管理体系文件覆盖性和符合性的影响；换证审核在年度审核基础上，以文件修改部分为重点；附加、跟踪审核按照规则要求有针对性地对体系文件实施审核。

活动审核以规则要素为主线，以管理体系文件具体要求为依据，按照公司安全管理单元进行审核。一是检查管理体系文件运行与规则、强制性规定的符合性；二是从管理体系运行效果和实现安全管理目标的情况验证其有效性。活动审核项目依据审核种类、船舶种类、航区等因素，按照规则和强制性规定对公司岸基安全管理单元的要求来确定。基本原则是，初次、换证审核全面覆盖；年度审核选取重点；附加、跟踪审核依据审核目的确定范围。公司岸基安全管理单元一般包括最高管理层、指定人员、体系办公室(主管部分)、人力资源管理、海务管理、机务管理、航运管理、后勤综合管理等。每次活动审核应覆盖上述管理单元。附加审核和跟踪审核则按发证规则的要求实施。

6.4.7 船舶监督检查

ISM 规则的实施对促进船旗国政府履约，促进船舶在营运过程中的安全和防污染管理有显著的贡献。在实施 ISM 规则同时，不能把实施 ISM 规则变成形式主义。海事主管机关已深刻认识到单凭对公司安全管理体系的初次审核、每年的年度审核、5 年一次的换证审核，以及对船舶 5 年一次的中间审核和公司的内部评审、评价和复查，仍不能保证船旗国(方便旗)、公司、船舶在运行安全管理体系中存在的形式主义的倾向。因此，实施船舶安全检查就变得极为重要，要落实国际公约执行的三重责任制，即 IMO 负责标准制定、船旗国负责标准实施、港口国负责监督检查。在 ISM 规则的符合性检查中，港口国监督检查是第三重的责任制，也是最后一道防线。港口国监督是一种检查，而不是审核。两者在检查内容上有部分交叉，但在组织实施方式和检查重点内容上有明显区别，不应将两者混淆。

参 考 文 献

[1] 宁波海事局. 国内航行海船安全检查指导书[M]. 北京: 人民交通出版社, 2013.

[2] 交通运输部. 中华人民共和国船舶安全营运和防止污染管理规则(试行)[J]. 中国海商法年刊, 2001, 12(1): 457-464.

[3] 中华人民共和国海事局交通安全质量管理体系审核中心. 安全管理体系审核指南[M]. 北京: 人民交通出版社, 2006.

第 7 章　船舶引航安全管理体系

7.1　船舶引航概述

7.1.1　船舶引航

船舶引航指引领船舶航行、靠泊、离泊、移泊的活动。船舶引航由持有有效适任证书，在某一引航机构从事引航工作的引航员实施。根据国际惯例，为了彰显国家主权，外国籍船舶在进入某国港口、水道航行和靠离泊时，必须由该国引航员引领船舶航行。

在中华人民共和国引航区内航行、靠泊、离泊、移泊(顺岸相邻两个泊位之间的平行移动除外)，以及靠离引航区外系泊点、装卸站应当申请引航的船舶包括外国籍船舶；为保障船舶航行和港口设施的安全，由海事管理机构会同市级地方人民政府港口主管部门提出报交通部批准发布的应当申请引航的中国籍船舶;法律、行政法规规定应当申请引航的其他中国籍船舶。其他船舶在引航区内外航行、靠泊、离泊、移泊，可根据需要申请引航。这里的船舶指任何用于水面、近水面和水下航行或者移动的船、艇、筏、移动式海上平台，包括国内外商船、军用船舶、公务船舶、工程船舶和渔船等。

船舶引航是水路运输系统中不可或缺的重要环节，船舶引航对于保证水上交通安全、提高港口作业效率、维护航行秩序等具有重要作用。引航员长期在当地引领船舶，熟悉当地通航环境和航行规则，熟练掌握各种类型船舶的操作要点，能够更有效地保障船舶安全、及时到达和驶出港口，提高船舶与港口作业的效率。

根据《船舶引航管理规定》，引航机构是经营引航服务业务、专业提供引航服务的法人。按照交通运输部“一个港口一个引航机构”的要求，引航机构已经覆盖我国沿海、沿江的对外开放水域。此外，船舶引航机构也是水上交通运输抢险救灾、船舶通航安全管理和技术创新的重要力量。

保证水路交通安全、通畅，不断提高港口和船舶航行安全水平是港口安全管理的重要工作。船舶引航作为水上运输服务的重要一环，加强引航安全管理，有利于促进水路交通运输安全生产平稳有序。由于受到船舶和船员技术水平、船舶技术状况、通航环境条件等因素的影响，国内外与引航相关的安全事故长期存在且时有发生，常常造成不同程度的人员伤亡、财产损失和环境破坏。作为高风险行业，船舶引航服务一直面临着巨大的安全挑战。

7.1.2 船舶引航安全管理

交通运输部主管全国引航工作，负责制定引航政策和规章，并监督实施；划定、调整并对外公布引航区；批准引航机构的设置；会同有关部门制定引航收费标准和管理规定，并监督实施；负责引航业务管理和指导；负责引航员培训、考试和发证的管理工作。

各地港口主管部门负责本行政辖区引航行政管理工作。交通运输部设置的长江航务管理部门负责长江干线引航行政管理工作，负责贯彻执行有关引航的法律、法规、规章和政策；筹建引航机构；监督管理引航收费；负责引航业务监督和协调。

海事管理机构负责辖区引航安全监督管理工作，负责贯彻执行有关引航的法律、法规、规章和政策；对引航实施安全监督管理；组织实施引航员培训、考试和发证工作。

引航机构担负着引航安全管理主体责任。通过建立健全引航安全生产责任制，加强人员的安全教育和培训，制定引航安全管理制度和操作规程，编制引航安全应急预案，组织开展应急演练，不断创新船舶引航技术和工艺，建立引航风险管控和隐患排查机制等工作。随着社会对安全和环境的关注度越来越高，各主管机关对引航安全生产管理提出了新的更高的要求，各引航机构也在不断探索加强和改善安全管理水平的方法，努力为水路交通系统安全和地方社会经济发展做出更大贡献。

考虑全国引航机构的复杂性和安全的重要性，交通运输部海事局在 2004 年和 2005 年先后发布“关于进一步落实引航机构安全管理责任的通知”和“关于进一步加强引航安全管理的通知”，强调积极开展引航安全评估工作，要求各引航机构建立引航安全管理体系。此后，我国各引航机构陆续建立引航安全管理体系，各海事管理机构和港口安全管理部门对辖区引航安全管理体系每年开展督察工作。引航安全管理体系的建设规范了引航机构安全管理工作，提高了引航机构安全管理水平和引航员安全意识，对于保障引航安全和水路交通系统稳定起到了积极作用[1]。

7.2 船舶引航安全管理体系标准概述

7.2.1 船舶引航安全管理体系标准

根据交通运输部《关于进一步落实引航机构安全管理责任的通知》等引航安全管理体系标准要求，引航机构必须健全安全管理规章制度，结合实际建立安全管理体系，加强引航安全管理。引航机构安全管理体系至少包括 9 个要素。

(1) 确立安全管理目标，指定专人对安全管理工作进行管理

这里的安全管理目标指引航机构确立的组织安全与环保目标，需要满足提供船舶引航的安全做法和安全工作环境；对引航操作中的船舶、人员，以及环境已标识的所有风险进行评估并制定适当的防范措施；提高岸船操作人员的安全管理技能，包括安全及环境保护方面的应急准备。

这里的指定专人指引航机构专职负责安全管理工作的人员。

在引航安全管理体系中，以上内容一般应使用文件描述，包含中长期的安全管理方针和短期的安全管理目标。方针是定性的，阐述安全管理的理念和愿景。目标一般是定量的，阐述引航机构拟达成的安全效果。

(2) 明确各部门、岗位安全管理职责

这里的部门和岗位是涉及引航安全管理部门，以及其他管理、业务部门和岗位。一般地，部门应该至少包括引航部门、调度部门、安全管理部门、技术部门、人力资源部门等。这些部门可以单独或者联合设立。岗位可以一岗多人，或者一人多岗。

这里的职责指针对安全引航涉及的安全职责，包括引航过程、支持过程和管理过程中的职责和权利。在引航机构内，与船舶安全引航有关或影响引航安全的管理者、执行者和监督者，其责任、权利和相互关系均应以文件形式明确规定。

在引航安全管理体系中，以上内容一般应用文件描述，包括人员或岗位的任职条件、职责和权利描述。

(3) 引航方案制定和实施程序

该要素是描述引航过程控制的。这里的引航方案主要涉及船舶引航安全的关键性操作，但并不限于引航方案和引航操作须知。引航机构应当建立制定和实施有关方案和须知的程序，对与之相关的各项工作，应明确规定并分配给适任人员。这一要素的要求可以归纳为两点：第一，组织要制定关键性引航操作方案和须知程序；第二，引航方案和须知中涉及的工作，应当明确规定并分配给适任人员。制定多少方案和须知，取决于如何确定关键性船上操作的范围，以及每一个操作方案或须知的涉及面。核心问题是如何确定关键性操作的范围。在关键性操作中，特殊操作指其错误仅在已造成危险情况或事故已发生时才会明显看出的操作。临界操作指其错误会立刻导致危及人员、环境和船舶的事故或情况的操作。

在引航安全管理体系中，以上内容一般应用程序和须知文件描述。

(4) 制定引航事故、险情和违反规定情况的报告程序、原因分析程序、整改程序，以及应急反应程序

该要素是描述安全事故管理过程的。该要素可以理解为两个方面，一是引航

事故、险情和违反规定情况的报告程序、原因分析程序，以及加强整改的程序；二是应急反应程序。前者说明《安全生产法》中提出的事故发生以后的“四不放过”原则，即事故原因未查清不放过、责任人员未处理不放过、整改措施未落实不放过、有关人员未受到教育不放过。后者说明应急预案的管理要求。

引航事故指针对引航过程中发生的船舶、人员和环境损害事故，包括碰撞、触损、浪损等交通事故，以及引航员上下船人身伤害事故。

引航险情指引航过程中出现的船舶、人员和环境损害事故，虽然没有造成事实后果，仍出现了意外事件，例如失控或者后果轻微的事故。

违反规定的情况指违反国家、地方水上交通安全的法律、法规、规章、规范、行业标准，或者安全管理体系文件规定等不符合的情况。

应急反应指引航过程中可能遭遇事故的临界性操作情况，可能需要获取岸基支持的危机处置情况。

在引航安全管理体系中，以上内容一般应用程序和预案文件描述，阐述安全引航的管理过程活动要求。

(5) 建立新上岗人员、转岗人员及其他人员培训制度

该要素主要针对引航员和其他人员岗位培训要求。对象是岗位晋升、变动的引航员和管理人员等，范围包括升级升档和岗位保持等，具体阐述岗位变更的资历要求、培训要求等。

在引航安全管理体系中，以上内容一般应用程序和制度描述，阐述安全引航的人员支持要求。

(6) 制定引航员的调配程序和引航员最高连续工作时间标准及月工作时间标准

该要素可以理解为两个部分，一是引航员的调配程序；二是引航员工作时间标准制度。

引航员工作时间标准是目前较难界定的一个问题。引航机构针对疲劳作业问题，可结合本机构的实际和港口运行的要求来综合确定，属于行业通常做法。目前，主要以我国《劳动法》为依据。

在引航安全管理体系中，引航员的调配一般使用程序描述，阐述安全引航的人员支持要求。引航员工作时间标准一般使用制度描述。

(7) 定期进行安全管理和风险评估

该要素是描述安全管理过程方面的。这里的定期是要求有一定的周期，如年、季度等。评估是对引航操作和管理中的船舶、人员、环境风险进行识别、评估和控制等活动，包括对引航安全管理的目标评估和安全管理体系的绩效评估。

在引航安全管理体系中，以上内容一般使用程序描述，阐述安全引航的管理过程要求。

(8) 对引航安全隐患排查治理

该要素是描述安全管理过程的，包括安全隐患排查和治理。

这里的引航安全隐患是针对引航操作管理中违反法律、法规、规章、标准、规程、制度，或者其他因素可能导致不安全事件或事故发生的物的危险状态、人的不安全行为和管理上的缺陷。

在引航安全管理体系中，引航安全隐患排查治理是发现并消除安全隐患的过程，一般应使用程序描述。

7.2.2　船舶引航安全管理体系内容延伸

虽然主管部门对船舶引航安全管理体系提出的要求在一定程度上涵盖主体责任、引航过程管理、风险评估、隐患排序、应急处置、资源与人员等船舶安全引航管理必要内容，但是若从管理体系的系统性和科学性考虑，还存在以下自愿性内容的选择和延伸。

① 管理过程的要求，即增加对测量和分析的描述，补充对于改进的基本要求。管理的本质是对管理目标不断改进，提升管理水平，持续保有管理方针。

② 资源配置的要求，如引航设施设备的要求，交通方式和手段的要求。引航终究是系统性的工作，需要有资源与人员的配合，以及基本的支持和保障。这些需要在管理体系中做出规定和描述。

③ 体系运行过程的要求，如文件管理、内部监测的要求等。加强管理体系的执行力，不断提升管理体系的可操作性，明确需要保持必要的记录，也需要内外部的监测机制。

7.3　船舶引航安全管理体系文件

7.3.1　船舶引航安全管理组织架构

(1) 组织结构

安全管理组织结构是表明组织各部分排列顺序、相互关系，以及各要素之间相互关系的一种模式，是整个管理系统的框架。

组织结构一般包括职能结构、层次结构、部门结构、职权结构。

① 职能结构。职能结构指实现组织目标所需的各项业务工作及其关系。

② 层次结构。层次结构指管理层次的构成及相互关系。

③ 部门结构。部门结构指各管理部门的构成。

④ 职权结构。职权结构指各层次、各部门在权利和责任方面的分工及相互关系，主要考量部门、岗位之间权责关系是否对等。

引航机构安全管理组织架构一般包含以下方面的内容。

① 单位、部门和岗位的设置。引航机构单位、部门和岗位的设置，不是把引航机构分成几个部分，而是将其作为一个服务于特定目标的组织，根据管理需要由几个相应的部分构成。这个整体为了达到特定目标必须有不同的部分，而不是由整体到部分进行简单地分割。

② 各个部门与岗位职责、权利的界定。这是对各个部分的目标功能作用的界定，本质上是对组织内部的有效分工。

③ 部门和岗位角色相互之间关系的界定。界定各个部分在发挥作用时，彼此如何协调、配合、补充、替代。

(2) 责任制

安全生产责任制是根据我国安全生产方针，即“安全第一，预防为主，综合治理”和安全生产法规要求建立的各级人员在劳动生产过程中对安全生产层层负责的制度。安全生产责任制是企业岗位责任制的组成部分，是企业基本的安全制度，也是企业安全生产、劳动保护管理制度的核心。

根据安全生产法要求，安全生产责任制应坚持一岗双责、全员负责、管生产必须管安全的原则。引航机构应建立各级领导、职能部门、引航员、调度员、支持保障人员等在内的安全生产责任制。

① 引航机构内部安全管理责任制。根据安全生产法和引航安全管理的需要，引航机构应明确从领导到普通员工的安全管理责任，建立引航安全生产领导机构、管理机构，同时明确安全管理人员的安全管理责任。

② 引航安全监督机制。引航机构应建立内部安全生产监督机制，包括引航安全检查和评估机制、引航安全风险管控和隐患排查治理机制。海事管理机构和港口行政管理部门建立对引航机构的安全生产监督检查机制。

7.3.2 船舶引航安全管理体系建设方法

引航安全管理体系建设方法与其他水路运输系统安全和质量管理体系类似，一般采用目标管理和过程管理相结合等方法建立和运行引航安全管理体系。

目标管理是通过全体员工积极参与确定引航安全目标，以安全目标的设置、分解、落实、考核、激励为手段的安全管理方法。过程管理是为了获得稳定和最大化的引航安全绩效。引航机构应当识别和策划影响引航安全的主要过程(活动)，建立过程绩效测量指标和过程控制方法(程序)，严格按照程序文件开展活动，对活动开展情况进行检查，发现问题及时纠正，并持续改进和创新。

引航机构安全管理体系文件编制，应在建立引航安全领导机构和引航安全管理机构的基础上，充分理解引航安全相关法律、法规、规章的要求，建立健全全员安全生产责任制，明确安全目标的设置、考核流程，在识别影响引航安全主要活动的基础上，制定引航安全管理程序、规章制度、操作规程，在进行引航风险评估、隐患排查等基础上，编制应急预案和应急处置方案[2]。

7.3.3　船舶引航安全管理体系文件结构

根据相关要求，各引航机构要建立健全安全管理规章制度，结合实际建立安全管理体系，加强引航安全管理。引航机构安全管理体系建设的内容主要包括确立安全管理目标，指定专人负责安全管理工作；明确各部门、各岗位和引航员安全管理职责；制定引航方案和具体操作程序；制定引航事故、险情和违反规定情况的报告程序；建立新上岗人员、转岗人员等相关培训制度；制定引航员的调配程序和引航员最高连续工作时间标准；建立保证引航员得到充分休息和知识更新的制度；定期进行安全管理情况评估；对引航安全风险和隐患采取有效的管控措施等。

引航安全管理体系标准对体系文件的范围、层次、结构等没有明确的要求，可根据船舶引航机构及其业务特点，可以参照航运公司安全管理体系或其他安全质量管理文件的要求，建立适合引航机构现状并符合交通部有关文件要求的船舶引航安全管理体系。结合我国船舶引航机构的安全生产实践，船舶引航安全管理体系文件一般包括以下几方面内容。

① 安全管理手册。安全管理手册是安全管理的纲领性文件，是对安全管理体系的概括性描述，通过确定安全方针、安全目标，以及对体系包含的各要素做出规定，形成安全管理体系实施标准。安全管理手册是建立和运行管理体系的依据，也是对外展示引航安全管理水平的材料。一般情况下，安全管理手册应描述实现引航安全管理体系标准要求的途径和方法，还包括引航机构简介、安全管理组织结构、管理体系文件架构和管理方法、定义或名词解释等内容。

② 职责手册。职责手册(岗位指导书、岗位职责)是明确相关部门、岗位职责的文件，一般包括部门、岗位的名称、安全职责、上级主管、替代关系、岗位适任条件等内容。

③ 程序文件。程序文件用于描述安全管理体系标准要求的安全活动如何开展。引航服务涉及的操作过程、支持过程、安全管理过程等，结合引航安全管理的内外部环境条件，描述过程链接、职能衔接等，确立体系运行时各相关利益方实施过程活动的依据和标准。

④ 支持性文件。支持性文件是安全管理手册和程序文件的支持性文件，是具体规定和指导某项管理、技术活动的依据和执行细节，主要包括引航安全相关法律、法规、规章等外来文件，以及引航机构内部的安全管理制度、操作规程和应急预案等。

⑤ 记录。记录是一种特殊的安全管理体系文件，是引航管理工作产生的原始痕迹，为引航服务安全的程度和有效性提供客观证据，包括引航安全管理工作涉

及的统计报表、记录簿、登记簿、审核审批记录、考核记录、沟通记录等。安全记录可以是电子或纸质的媒介形式。

7.4 船舶引航安全管理体系的建设与运行

7.4.1 职责梳理

安全生产责任制是企业岗位责任制的组成部分，是企业最基本的一项安全制度，也是企业安全生产、劳动保护管理制度的核心。

近年来，全国水上交通安全形势不断向好，但引航事故仍时而发生。引航机构的安全管理责任不落实是引航事故多发的重要原因。因此，落实引航机构安全管理责任，建立引航安全管理体系，加强安全监督检查和责任追究，是做好引航安全管理的主要工作。

安全生产责任制是引航机构安全生产管理制度的核心。各级领导和管理人员，必须根据本机构的实际情况和各部门及人员职责分工，按照“安全生产、人人有责”，建立安全生产“事事有人管、层层有人抓”的安全责任体系。

引航机构安全生产领导机构可以是安全生产委员会或安全生产领导小组。安全生产管理机构可以是安全技术科等专门负责安全生产管理的部门。

站长(总经理、主任)是引航机构安全生产第一责任人，在安全生产方面具有指挥决策权，对引航机构的安全生产负全面责任。分管安全生产的副站长是安全生产直接责任人，对分管范围内的安全生产负有主要领导责任。各部门或科室负责人是本部门或科室安全生产第一责任人，对本部门或科室的安全生产负责。其他各类管理人员，在自己的业务工作范围内，对安全生产负责。引航员和其他员工，对本岗位的安全生产负直接责任，应自觉遵守安全生产规章制度，不违章作业，并且要制止他人违章作业，积极参与安全生产的各项活动，主动提出改进安全工作的意见，正确使用、保养设备与个人防护用品。

7.4.2 文件编写

(1) 程序文件

程序文件是安全管理手册的下一级文件，规定某项工作的实施过程。每一个程序文件应针对安全生产中一个逻辑上独立的活动。

程序文件对影响引航安全的各项活动、方法和评定准则作出规定，使引航安全活动处于受控状态；阐明与引航安全活动有关人员的职责、权限、相互关系；作为执行、验证和评审引航安全活动的依据，在实际活动中执行；执行的情况应留下证据；依据程序文件规定判断实际运作是否符合要求。

程序文件的基本内容包括目的、适用范围、职责、工作程序、支持性文件及相关记录。

(2) 规章制度与作业指导书(操作规程)

规章制度是引航机构进行安全产生管理的规则和制度的总和。规章制度内容广泛，包括引航机构安全能使企业经营有序，增强企业的竞争实力。生产管理的各个方面。

规章制度的主要功能是规范管理，使员工行为合规，提高管理效率。规章制度是建立现代企业制度的需要，规范引航机构管理工作与职工行为的需要，同时也是完善劳动合同制，解决劳动争议不可缺少的有力手段。

引航安全生产事关引航机构所有部门和人员，需要全员参与。要实现安全生产目标，规范员工的安全行为，必须建立科学合理的安全生产规章制度，并以文件化的形式固定下来。

作业指导书(操作规程)是引航安全管理体系文件的组成部分。它既是安全管理手册、程序文件的支持性文件，也是对安全管理手册和程序文件的进一步细化与补充。作业指导书主要用于阐明过程或活动的具体要求和方法，可以说作业指导书也是一种程序。它比程序文件规定的程序更详细、更具体、更单一，而且更便于操作。简言之，作业指导书是用来指导员工对某一具体过程或某项具体活动如何进行作业的文件。

作业指导书明确某项工作的目的、范围及目标，应按照操作的顺序，正确地反映要求和相关活动，尽量避免(减少)混淆和不确定度。作业指导书的内容一般包括但不限于以下要求。

① 作业所需的资源条件及工作环境。

② 作业应达到的标准，如安全标准及工作安全检查标准等。

③ 作业的具体步骤与方法。

④ 作业应注意事项及管理要求。

⑤ 作业中的安全注意事项等。

(3) 记录

引航安全管理体系记录的内容一般包括记录名称、记录标识、记录内容、记录人员、记录时间。

引航安全管理体系记录的设计与编制程序文件和作业指导书同步进行，以使其协调一致，接口清楚，必要时可附在程序文件和作业文件的后面。编制时，根据安全管理手册、程序文件的要求，应对体系中所需记录进行统一规划，同时对记录的标识、记录做出统一规定。

汇总所有记录，组织有关部门和人员进行校审。校审时应从体系的整体性出发，重点是各记录间的内在联系，以及协调性、统一性、完整性[3]。

7.5　船舶引航安全管理体系监控与督查

7.5.1　船舶引航安全管理体系内部监控

我国引航安全管理体系建设实施以来，取得了明显的效果，促进了船舶引航安全管理水平的提高。为了保证引航安全管理体系正常运行，需要进行监控，以便及时发现和纠正存在的问题。

借鉴航运公司安全管理体系的建设与监控经验，结合引航机构安全管理实践，引航安全管理体系监控职责应分配到分管安全生产的副站长和安全管理机构，监控船舶引航安全管理体系具体要求的遵守情况，并向领导报告引航安全管理体系存在的缺陷。

航舶引航安全管理体系监控包括对引航机构各部门和相关活动进行检查评估。监控可采用观察活动、与人员访谈、查看记录台账等方式进行，发现问题应督促该部门责任人按管理体系文件规定落实纠正措施。

引航站站长每年对安全管理体系进行一次评估或评审，对引航安全管理体系的适宜性、符合性和有效性进行评审。

7.5.2　船舶引航安全管理体系安全督查

根据《船舶引航管理规定》的规定，海事管理机构负责对航舶引航实施安全监督管理。海事部门在加强现场监管的同时，会同港口行政管理部门对引航机构安全管理体系运行情况，以及落实安全管理责任制的情况每年进行一次督查，对发现的问题责令及时整改。

目前还没有固定程序和统一的管理规定来指导督查工作。根据海事管理机构的内部职责与分工，往往由船舶通航安全管理、管理体系审核、船员管理等职能部门人员组成督查组。督查人员依据海事管理、港口安全管理相关规定对引航站的安全管理体系文件和运行情况进行检查，提出问题和改进意见。

参 考 文 献

[1] 于巧婵, 高惠君, 李清, 等. 船舶引航系统安全管理[J]. 世界海运, 2013, 36(12): 42-44.
[2] 方泉根,胡甚平,席永涛. 我国引航机构能力建设的现状及对策[J].中国航海, 2010, 33(4): 103-108.
[3] 张红彪. 船舶引航安全管理体系的建立与实施探讨[J]. 航海技术, 2008,(S2): 76-77.

第 8 章　水路运输企业安全生产标准化

8.1　交通运输企业安全生产标准化概述

8.1.1　交通运输企业安全生产标准化的发展沿革

交通运输企业安全生产标准化指企业通过落实安全生产主体责任，全员全过程参与，建立安全生产各要素构成的企业安全生产管理体系，使生产经营各环节符合安全生产、职业病防治法律、法规和标准规范的要求，“人、机、环、管”处于受控状态，并持续改进。

2005 年，国家安全生产监督管理总局发布《机械制造企业安全质量标准考核评级标准》。2010 年，国家安全生产监督管理总局发布《企业安全生产标准化基本规范》。

企业安全生产标准化建设体现“安全第一、预防为主、综合治理”的方针和“以人为本”的科学发展观，强调企业安全生产工作的科学化、规范化、系统化和法制化，强化风险管理和过程控制，注重绩效管理和持续改进，符合安全管理的基本规律，代表现代安全管理的发展方向，是先进安全管理思想与中国传统安全管理方法、企业具体实际的有机结合，能有效提高企业安全生产水平。

为贯彻落实关于开展企业安全生产标准化建设工作部署，2011 年交通运输部印发《交通运输企业安全生产标准化建设实施方案》。2012 年 4 月，《关于印发交通运输企业安全生产标准化考评管理办法和达标考评指标的通知》标志着旨在通过规范交通运输企业安全生产管理及行为，提升企业安全生产能力和水平的交通运输企业安全生产标准化建设工作进入了全面实施阶段。

2016 年 7 月，交通运输部印发《交通运输企业安全生产标准化建设评价管理办法》。2018 年 2 月，交通运输部发布《交通运输企业安全生产标准化建设基本规范》，并于 2018 年 5 月 1 日实施，标志着交通运输安全管理标准建设迈上了一个新的台阶。此后，交通运输企业安全生产标准化评价实施细则陆续印发，第一批实施细则于 2019 年 2 月 1 日实施。

8.1.2　交通运输企业安全生产标准化类型和等级

(1) 交通运输企业安全生产标准化类型

交通运输企业安全生产标准化按领域分为道路运输、水路运输、港口营运、城市客运、交通运输工程建设、收费公路运营六个专业类型和其他类型（未列入前六种类型，但由交通运输管理部门审批或许可经营)。

道路运输专业类型包含道路旅客运输、道路危险货物运输、道路普通货物运输、道路货物运输站场、汽车租赁、机动车维修和汽车客运站等类别。水路运输专业类型包含水路旅客运输、水路普通货物运输、水路危险货物运输等类别。港口营运专业类型包含港口客运、港口普通货物营运、港口危险货物营运等类别。城市客运专业类型包含城市公共汽车客运、城市轨道交通运输和出租汽车营运等类别。交通运输工程建设专业类型包含交通运输建筑施工企业和交通工程建设项目等类别。收费公路运营专业类型包含高速公路运营、隧道运营和桥梁运营等类别。

(2) 交通运输企业安全生产标准化等级

交通运输企业安全生产标准化等级分为一级、二级、三级，其中一级为最高等级，三级为最低等级。水路危险货物运输、水路旅客运输、港口危险货物营运、城市轨道交通运输、高速公路、隧道和桥梁运营企业安全生产标准化建设等级不设三级，二级为最低等级。

8.1.3 交通运输企业安全生产标准化建设规范

2018 年 5 月 1 日实施的《交通运输企业安全生产标准化建设基本规范》共有 21 个部分，包括总体要求和 20 个专业类型的企业，分别是道路旅客运输企业、道路危险货物运输企业、道路普通货物运输企业、道路货物运输站场、机动车维修企业、汽车客运站、水路旅客运输企业、水路普通货物运输企业、水路危险货物运输企业、港口客运（滚装码头、渡船渡口）企业、港口普通货物码头企业、港口危险货物码头企业、城市公共汽电车客运企业、城市轨道交通运营企业、交通运输建筑施工企业、公路水运工程施工项目、高速公路运营企业、公路隧道运营企业、公路桥梁运营企业、公路养护企业。

总体要求包括术语和定义、基本要求、通用要求等内容，是针对所有交通运输企业安全生产标准化建设的。

基本要求包括安全生产标准化建设的原则、建立、保持与改进和评价等内容。

通用要求包括目标与考核，管理机构和人员，安全主体责任，资质、法律、法规和安全管理制度，安全投入，教育培训，风险管理，隐患排查和治理，职业健康，安全文化，应急管理，事故报告调查处理，绩效考评与持续改进等 13 个方面的内容[1]。

第 2～21 部分，分别规定了道路运输、水路运输、港口营运等专业类别的个性要求，将原考评指标上升为行业规范，有效提升了企业安全生产标准化建设工作的科学性、专业性和指导性。

此外，依据上述系列标准，实施细则明确了类目、项目、释义、评价方法及评价标准，用于指导企业和评价机构开展安全生产标准化的建设和评价工作。

8.2　交通运输企业安全生产标准化建设管理机制

8.2.1　管理职责

1. 实施范围

交通运输企业安全生产标准化实施范围包括具有独立法人资格，具体从事公路水路运输、城市客运和公路水运工程施工等生产经营建设活动的交通运输企业。

2. 管理分工

交通运输部负责全国交通运输企业安全生产标准化建设工作的指导，具体负责一级评价机构的监督管理。交通运输部安全委员会负责全国交通运输企业安全生产标准化建设工作的组织领导。交通运输部安全委员会办公室具体负责日常工作。

省级交通运输主管部门负责管辖范围内交通运输企业安全生产标准化建设工作的指导，具体负责二、三级评价机构的监督管理。

长江航务管理局、珠江航务管理局分别负责行政许可权限范围内的长江干线、西江干线省际航运企业安全生产标准化建设工作的指导，具体负责二、三级评价机构的监督管理。

主管机关对管理维护单位、评价机构和评审员实施监督管理，通过建立健全日常监督、投诉举报处理、评价机构和评审员信用评价、违规处理和公示公告等机制，规范交通运输企业安全生产标准化建设评价工作。

主管机关采取“双随机、一公开”的突击检查方式，组织抽查管辖范围内从事相关业务的评价机构和评审员的相关工作。抽查内容包含机构备案条件、管理制度、责任体系、评价活动管理、评审员管理、评价案卷、现场评价，以及机构能力保持和建设等。此外，主管机关还建立了投诉举报渠道，公布邮箱、电话，接受实名投诉举报。

交通运输管理部门将企业安全生产标准化建设工作情况纳入日常监督管理，通过政府购买服务，委托第三方专业化服务机构，对下级管理部门及辖区企业推进企业安全生产标准化建设工作情况进行抽查，并向行业通报。

负有安全生产监督管理职责的交通运输管理部门对企业安全生产标准化建设

评价中发现的重大安全事故隐患及时进行核查，确认后责令企业立即整改，并依法依规追究责任。

交通运输管理部门将交通运输企业安全生产标准化建设情况和评价结果纳入企业安全生产信用评价范围，将企业安全生产标准化评价结果作为实施分级分类、差异化监管的重要依据。同时，对安全生产标准化未达标或被撤销等级证明的企业加大执法检查力度，并予以重点监管。客运、危险货物经营企业安全生产标准化建设评价及年度核查情况是企业经营资质年审、运力更新、新增审批、招投标等重要的参考依据。

3. 管理信息系统和系统维护单位

(1) 管理信息系统

根据《交通运输企业安全生产标准化建设评价管理办法》规定，交通运输企业安全生产标准化建设评价相关工作统一通过交通运输企业安全生产标准化管理系统开展。交通运输企业安全生产标准化管理系统于 2011 年 10 月开始建设，2019年10月22日改版为交通运输企业安全生产标准化建设信用信息管理系统(简称管理系统) ，可供评审员、企业、评价机构、主管机关、管理维护单位等用户使用。

管理系统主要有以下功能。

① 评审员管理，包括评审员当前资质管理、备案申请管理(包括在线考试)、年度教育管理、备案注销管理、现场评价管理、评审结论管理、整改问题管理、工作情况管理、基本资料管理、账号管理等。

② 企业用户管理，包括证书信息管理、初次申请管理、年度核查管理、变更申请管理、注销申请管理、整改问题管理、单位人员管理、就职邀请管理、离职申请管理、基本资料管理、工程项目等。

③ 评价机构管理，包括评价对象管理、考核评价管理、资质备案管理、基本信息管理、交通运输企业安全生产标准化评价申请。

④ 主管机关，评价标准管理、评审员管理、评价机构管理、企业管理、单位人员管理、基本资料管理、系统配置管理等。

主管机关对注册成为管理维护单位进行工作委托和工作范围委托后，管理维护单位具备已授权的主管机关功能权限。

⑤ 记录模板下载。

(2) 管理维护单位

交通运输部通过购买服务，委托管理维护单位承担管理系统的管理、维护与数据分析、评审员能力测试题库维护、评价机构备案和档案管理等日常工作。各省级主管机关通过购买服务，委托省级管理维护单位承担相关日常工作。

管理维护单位应具备以下条件。

① 具有独立法人资格,如从事交通运输业务的事业单位或经批准注册的交通运输行业社团组织。

② 具有固定办公场所、设施和必要的技术条件。

③ 配有满足工作所需的管理和技术人员。

④ 3 年内无重大违法记录，信用状况良好。

⑤ 具有完善的内部管理制度。

⑥ 法律、法规规定的其他条件。

管理维护单位对评审员、评价机构发生的违规违纪和违反承诺等失信行为，依据评审员、评价机构信用扣分细则进行记录。评审员、评价机构信用等级按其扣分情况分为 AA、A、B、C、D 共 5 个等级，未扣分的为 AA；扣 1～2 分的为 A；扣 3～8 分的为 B；扣分 9～14 分的为 C；扣 15～19 分的为 D；信用扣分超过 20 分(含 20 分)的列入黑名单。信用扣分按近 3 年扣分累计。评审员发生信用扣分的，管理维护单位应告知评审员登记的评价机构。

交通运输部管理维护单位应通过管理系统，按年度向社会公布管辖范围内一级评价机构、评审员 3 年内违规行为和信用等级汇总情况，以及评价机构所颁发等级证明的企业及其近 5 年发生等级以上安全生产事故情况。

省级管理维护单位应通过管理系统，按年度向社会公布管辖范围内二、三级评价机构，以及评价机构所颁发等级证明的企业及其近 5 年发生等级以上安全生产事故情况。

8.2.2　评价机构和评审员

(1) 评价机构等级及业务范围

评价机构指满足评价机构备案条件，完成管理系统登记报备，从事交通运输企业安全生产标准化体系建设评价的第三方服务机构。评价机构分为一、二、三级。一级评价机构向交通运输部备案，二、三级评价机构向省级主管机关备案。

一级评价机构可承担申请一、二、三级的企业安全生产标准化评价工作，二级评价机构可承担备案地区申请二、三级的企业安全生产标准化评价工作，三级评价机构可承担备案地区申请三级的企业安全生产标准化评价工作。

(2) 评价机构的条件

① 从事交通运输业务的独立法人单位或社团组织。

② 具有一定的交通运输企业安全生产标准化建设评价或交通运输安全生产技术服务经历。

③ 具有相适应的固定办公场所、设施。

④ 具有一定数量专职管理人员和相应专业类型的自有评审员。

⑤ 初次申请一级评价机构备案，应已完成本专业类型二级评价机构备案 1 年以上，并具有相关评价经历。

⑥ 建立了完善的管理制度体系。

⑦ 单位或法定代表人 3 年内未被列入政府、行业黑名单或 1 年内未被列入政府、行业公布的不良信息名录。

⑧ 评价机构同一等级登记备案不超过 3 个专业类型。

⑨ 评价机构承诺备案信息真实，严格遵守国家有关法律、法规。

⑩ 满足其他法律、法规要求。

不同等级评价机构的备案条件在固定办公场所面积、专职管理人员、自有评审员、高级职称人员、工作经验等方面的要求有所不同，从三级到一级依次提高。例如，一级评价机构的固定办公场所面积不少于 $300m^2$，专职管理人员不少于 8 人、本专业自有评审员不少于 30 名、高级职称人员不少于 10 人。

评价机构进入评价机构名录后，备案信息有效期为 5 年，并向社会公布。备案信息公布内容应包含评价机构的名称、法人代表、专业类型、等级、地址、印模、备案号和有效期等。

评价机构可在登记备案期届满前 1 个月通过管理信息系统进行延期备案。延期备案符合以下条件，经公示 5 个工作日后，结果不影响延期备案的，自动延长备案期 5 年。

① 单位经营资质合法有效。

② 未被主管机关列入公布的不良信息名录。

③ 满足该等级评价机构登记备案条件。

评价机构名称、地址或法定代表人变更，或从事专职管理和评价工作的人员变动累计超过 25%的，应通过管理信息系统进行信息变更备案。

评价机构应不断完善内部管理制度，严格规范评价过程管理，并对评价和年度核查结论负责。

评价机构应按年度总结评价工作，于次年 1 月底前通过管理信息系统报管理维护单位，管理维护单位汇总分析后，形成年度报告报主管机关。

评价机构在妥善处置其负责评价和年度核查相关业务后，可向登记备案的管理维护单位申请注销其评价机构备案信息。管理维护单位核实相关业务，处置妥善后应在 5 个工作日内完成备案注销工作，并向社会公布。评价机构申请注销的，2 年内不得重新备案，所聘评审员自动恢复到未登记评价机构状态。

(3) 评审员条件

评审员指具有企业安全生产标准化体系建设评价能力，进入评审员名录的人员，可以从事企业安全生产标准化体系建设评价的人员。

凡遵守法律、法规，恪守职业道德，符合以下条件，通过管理系统登记报备，经公示 5 个工作日，公示结果不影响登记备案的，自动录入评审员名录。

① 具有全日制理工科大学本科及以上学历。

② 具备中级及以上专业技术职称，或取得初级技术职称 5 年以上。

③ 具有 5 年及以上申报专业类型安全相关工作经历。

④ 身体健康，年龄不超过 70 周岁。

⑤ 同时登记备案不超过 3 个专业类型。

⑥ 通过管理系统相关专业类型专业知识、技能和评价规则的在线测试。

⑦ 申请人 5 年内未被列入政府、行业黑名单，或 1 年内未被列入政府、行业公布的不良信息名录。

⑧ 评审员承诺备案信息真实，考评活动中严格遵守国家有关法律、法规，不弄虚作假、不提供虚假证明，一旦违反，自愿退出交通运输企业安全生产标准化建设评价相关活动。

评审员按专业类型自愿申请登记在一家评价机构后，方可从事交通运输企业安全生产标准化建设评价工作。登记完成后，12 个月内不可撤回。

评审员应按年度开展继续教育学习，自登记备案进入评审员名录后，每 12 个月周期内均应通过管理系统进行继续教育在线测试。通过测试的，可继续从事企业安全生产标准化建设评价工作；否则，暂停参加评价活动。

交通运输部管理维护单位应按年度发布评审员继续教育测试大纲。评审员继续教育测试大纲应包含以下内容。

① 相关专业的安全生产法律、法规、标准规范。

② 交通运输企业安全生产标准化建设有关新政策。

③ 更新的安全生产专业知识。

评审员个人信息变动应于 5 个工作日内通过管理系统报备。

评审员向受聘的评价机构申请不再从事企业安全生产标准化建设评价工作，或年龄超过 70 岁的，管理维护单位应在 5 个工作日内注销其备案信息。

8.2.3　评价与等级证明颁发

交通运输企业安全生产标准化建设评价指企业安全生产标准化评价机构，依据相关法律、法规和企业安全生产标准化建设标准，评价企业安全生产标准化建设情况，对评价过程中发现的安全生产问题，提出整改建议，是促进企业安全生产标准化建设工作的重要方式。

交通运输企业安全生产标准化评价的基本程序如下。

① 企业自我评价后提出申请。

② 评价机构受理申请、实施评价、通过管理系统向管理维护单位报备评价报告。

③ 管理维护单位向社会公示 5 个工作日。

④ 评价机构向企业颁发评价等级证明。

1. 评价申请

交通运输企业安全生产标准化建设评价包括初次评价、换证评价和年度核查三种形式。

交通运输企业根据经营范围申请相应专业类别建设评价，属同一专业类型不同专业类别的，可合并评价。

(1) 交通运输企业申请安全生产标准化建设评价遵循的规定

① 依照法律、法规要求自主申请。

② 自主选择相应等级的评价机构。

③ 在评价过程中，向评价机构和评审员提供所需工作条件，如实提供相关资料，保障有效实施评价。

④ 向主管机关、管理维护单位举报，投诉评价机构或评审员的不正当行为。

(2) 申请初次评价的企业应具备的条件

① 具有独立法人资格，从事交通运输生产经营建设的企业或独立运营的实体。

② 具有与其生产经营活动相适应的经营资质、安全生产管理机构和人员，并建立相应的安全生产管理制度。

③ 近 1 年内没有发生较大及以上安全生产责任事故。

④ 已开展企业安全生产标准化建设自我评价，结论符合申请等级要求。

(3) 交通运输企业向所选择的评价机构提出企业安全生产标准化建设评价申请申报初次评价应提交以下资料。

① 标准化建设评价申请表。

② 法律、法规规定的企业法人营业执照、经营许可证、安全生产许可证等。

③ 企业安全生产标准化建设自我评价报告。

自我评价报告应包含企业简介和安全生产组织架构；企业安全生产基本情况(含近 3 年应急演练、一般以上安全事故和重大安全事故隐患及整改情况) ；从业人员资格、企业安全生产标准化建设过程；自我评价综述、自我评价记录、自我评价问题清单和整改确认；自我评价评分表和结论等。

2. 评价实施

评价机构负责交通运输企业安全生产标准化建设评价活动的组织实施。

评价机构接到交通运输企业评价申请后，在 5 个工作日内完成申请材料完整性和符合性核查。核查不通过的，应及时告知企业，并说明原因。评价机构对申请材料核查后，认为自身能力不足或申请企业存在较大安全生产风险时，可拒绝受理，并向其说明，记录在案。

企业申请资料核查通过后，评价机构应成立评价组，任命评价组长，制定评价方案，提前 5 个工作日告知当地主管机关。评价组组成应满足以下条件。

① 评价组评审员不少于 3 人，其中自有评审员不少于 1 人。

② 评价组长原则上应为自有评审员，且具有 2 年和 8 家以上同等级别企业安全生产标准化建设评价经历，3 年内没有不良信用记录，经过评价机构培训，具有较强的现场沟通协调和组织能力。

③ 评价组应熟悉企业评价现场安全应急要求，以及当地相关法律、法规和标准规范要求。

评价机构应在接受企业评价申请后 30 个工作日内完成对企业的现场评价工作，并提交评价报告。

现场评价工作完成后，评价组应向企业反馈发现的安全事故隐患和问题、整改建议、现场评价结论，形成现场评价问题清单。现场评价问题清单应经企业和评价组签字确认。现场发现的重大安全事故隐患和问题应向负有直接安全生产监督管理职责的交通运输管理部门和相应的主管机关报告。

3. 评价等级证明颁发

评价组现场评价结束后，形成评价案卷。评价机构对评价案卷进行审核，形成评价报告等评价资料，通过管理系统向管理维护单位报备。评价机构评价结论认为符合颁发评价等级证明的，应报管理维护单位向社会公示 5 个工作日。公示结果不影响评价结论的，评价机构应向企业颁发交通运输企业安全生产标准化评价等级证明。

企业对评价发现的安全事故隐患和问题，在现场评价结束 30 日内按要求整改到位的，经申请，由评价机构确认整改合格后可视为达到相关要求；对于不影响评价结论的安全事故隐患和问题，企业应按评价机构有关建议积极组织整改，并在年度报告中予以说明。

企业对评价结论存有异议的，可向评价机构提出复核申请。评价机构应针对复核申请事项，组织非原评审员进行逐项复核。复核工作应在接受企业复核申请之日起 20 个工作日完成，并反馈复核意见。企业对评价机构复核结论仍存异议的，可选择其他评价机构申请评价。涉及评价机构评价工作不公正和违规行为的，企业可向相应管理维护单位或主管机关投诉、举报。

管理维护单位应在收到评价机构报备的评价等级证明、评价报告等资料 5 个工作日内，向社会公布相关企业和评价机构有关信息，并接受社会监督。

交通运输企业安全生产标准化建设等级证明由评价机构按照交通运输部规定的统一样式制发，有效期 3 年。

已经通过低等级交通运输企业安全生产标准化建设评价的企业申请高等级交通运输企业安全生产标准化建设评价的，评价及颁发等级证明应按照初次评价的有关规定执行。

企业安全生产标准化建设等级证明遗失的，可向颁发等级证明的评价机构申请补发。企业法人代表、名称、经营地址等变更的，应在变更后 30 日内，向颁发等级证明的评价机构提供相关证据材料，申请对企业安全生产标准化评价等级证明的变更。

已经取得交通运输企业安全生产标准化评价等级证明的企业，在有效期内发生重大及以上安全生产责任事故，或 1 年内连续发生 2 次以上较大安全生产责任事故的，评价机构应对该企业安全生产标准化建设情况进行核查，不满足原等级要求的，应及时撤销其安全生产标准化等级证明。事故等级按照《生产安全事故报告和调查处理条例》和《水上交通事故统计办法》确定。

评价机构发现申请安全生产标准化建设等级证明变更的企业的安全生产条件发生重大变化或超出规定情况时，可进行现场核实。核实结果不影响变更证明的，应予以变更，反之应撤销原证明，并通过管理系统向社会公示。

交通运输企业在取得安全生产标准化等级证明后，应根据评价意见和标准要求不断完善其安全生产标准化管理体系，规范安全生产管理和行为，形成可持续改进的长效机制，并接受主管机关、评价机构的监督。

8.2.4 年度核查与换证评价

(1) 年度核查

企业取得安全生产标准化建设等级证明后，在有效期内应按年度开展自我评价。自我评价时间间隔不超过 12 个月。自我评价报告应报颁发等级证明的评价机构核查。

评价机构对企业年度自我评价报告核查发现以下问题的，可进行现场核查。

① 自我评价结论不能满足原有等级要求的。

② 自我评价报告内容不全或存在不实，不能真实体现企业安全生产标准化建设实际情况的。

③ 企业生产经营状况发生重大变化的，包括生产经营规模、场所、范围或主要安全管理团队等。

④ 企业未按要求及时向评价机构报告重大安全事故隐患和较大以上安全生产责任事故的。

⑤ 相关方对企业的安全生产提出举报、投诉。

⑥ 企业主动申请现场复核。

评价机构应在企业提交年度自我评价报告 15 个工作日内完成自我评价报告

年度核查，需进行现场核查的应在 30 个工作日内完成。

年度核查结论分为不合格、合格和优秀等 3 个等级评价，并通过管理系统向社会公开。企业安全生产标准化建设运行情况不能持续满足所取得的评价等级要求，或长期存在重大安全事故隐患且未有效整改的评为不合格；基本满足且对不影响评价结论的问题和重大安全事故隐患进行有效整改的评为合格；满足原评价等级所有要求，并建立有效的企业安全生产标准化持续改进工作机制且运行良好，重大安全事故隐患和问题整改完成的，评为优秀。

评价机构对企业的年度核查评价在合格及以上的，维持其安全生产标准化建设等级证明有效。年度核查评价不合格或未按要求提交自我评价报告的，评价机构应通知企业，并提出相关整改建议。企业在 30 日内未经验收完成整改，或仍未提交自我评价报告，或拒绝评价机构现场复核的，评价机构应撤销并收回企业安全生产标准化建设等级证明，并通过管理系统向社会公告。

2. 换证评价

交通运输企业在取得等级证明 3 年且满足以下条件，在原证明有效期满之日前 3 个月内可直接向评价机构申请换发同等级企业安全生产标准化建设等级证明。

① 企业年度核查等级均为优秀 (含换证年度)。

② 企业未发生一般及以上等级安全生产责任事故。

③ 企业未发生被主管机关安全生产挂牌督办或约谈。

④ 企业安全生产信用等级评为 B 级以上。

⑤ 企业未违反其他安全生产法律、法规有关规定。

⑥ 安全生产标准化建设标准发生变化的，年度核查或有关证据证明其满足相关要求。

换证评价及等级证明颁发的流程、范围和方法按照初次评价的有关规定执行。

8.3　水路运输企业安全生产标准化建设

8.3.1　水路运输企业安全生产标准化建设的意义、原则

(1) 意义

水路运输企业安全生产标准化建设是交通运输企业安全生产标准化建设的一个重要类型。对于进一步规范我国水路运输企业安全生产行为，改善水路运输企业安全生产条件，强化水路运输企业安全基础管理，有效防范和坚决遏制重特大

事故的发生，具有十分重要的意义。这主要体现在以下方面。

① 水路运输企业安全生产标准化建设是落实水路运输企业安全生产主体责任的必要途径。水路运输企业是航运安全生产的责任主体，也是航运安全生产标准化建设的主体，要通过加强每个岗位和环节的安全生产标准化建设，不断提高水路运输企业安全管理水平，促进水路运输企业安全生产主体责任落实到位。

② 水路运输企业安全生产标准化建设是强化水路运输企业安全生产基础工作的长效制度。水路运输企业安全生产标准化建设涵盖增强人员安全素质、提高装备设施水平、改善作业环境、强化岗位责任落实等各个方面，是一项长期的、基础性的系统工程，有利于全面提升水路运输企业安全生产保障水平。

③ 水路运输企业安全生产标准化建设是政府实施安全生产分类指导、分级监管的重要依据。实施水路运输企业安全生产标准化建设评价，确定水路运输企业的安全生产标准化等级，能够客观真实地反映各水路运输企业安全生产管理状况，为针对性地加强安全监管提供有效的基础数据。

④ 水路运输企业安全生产标准化建设是有效防范事故发生的重要手段。深入开展水路运输企业安全生产标准化建设，能够进一步规范从业人员的安全行为，提高风险管控水平，促进现场各类隐患的排查治理，推进水路运输业安全生产长效机制建设，有效防范和遏制事故发生，促进水路运输企业安全生产状况持续稳定好转。

(2) 建设原则

水路运输企业开展安全生产标准化建设工作，应结合自身特点，遵循“安全第一、预防为主、综合治理”的方针，落实企业主体责任。同时，以风险管理、隐患排查治理、职业病危害防治为基础，以安全生产责任制为核心，树立任何事故都是可以预防的理念，与企业其他方面的管理有机地结合起来，注重科学性、规范性和系统性。

(3) 建设阶段

水路运输企业安全生产标准化的建立过程，包括初始评估、策划、培训、实施、自我评价(检查)、改进与提高六个阶段。

初始评估阶段是对企业安全管理现状进行初始评估，分析企业安全管理现状、业务流程、组织机构等基本管理信息，找出差距。策划阶段是根据初始评估的结果确定建立安全生产标准化实施方案，包括资源配置、进度、分工等。培训阶段是对全体从业人员进行安全生产标准化相关内容培训。实施阶段是根据策划结果开展风险评估；确定企业安全生产方针和目标；识别和获取适用的安全生产法律、法规、标准规范及其他要求；完善安全生产规章制度、安全操作规程、台账、档案、记录等。自我评价阶段是根据安全生产标准化建设规范和有关评价细则，对本企业开展安全生产标准化工作情况进行评定，找出问题，提出改进措施。改进与提高阶段是根据自我评价结果，落实改进措施，改进安全生产标准化管理，不断提高安全生产标准化实施水平和安全绩效。

8.3.2　水路运输企业安全生产标准化与航运企业安全管理体系的关系

根据《交通运输部办公厅关于进一步加强航运公司安全管理工作的意见》，按规定建立安全管理体系的航运公司可不再开展安全生产标准化建设。

根据交通运输企业安全生产标准化建设评价管理办法，航运企业已建立安全管理体系并取得符合证明的，视同满足企业安全生产标准化二级达标水平。

(1) 二者相同或相近的方面

① 目的相同。二者都是为了加强和改善企业安全管理水平，防止安全事故发生。

② 性质相同。二者都是一个系统化的安全管理体系，通过外部评价确定是否满足安全管理体系标准，推进安全管理绩效提升。

③ 方法相同。通过满足安全方针目标、安全职责、安全生产条件、安全管理制度、操作规程等要求，开展安全检查、风险管控和隐患排查治理等活动，对安全生产活动进行监测控制，定期进行自我评价，持续改进安全管理体系。

(2) 二者不同的方面

① 强制性不同。航运企业安全管理体系是主管机关强制要求建立的。水路运输企业安全生产标准化除了危险货物运输等企业外，目前均不强制，可以由企业自主选择是否开展建设和评价，以及开展哪个等级的建设和评价。

② 审核/评价发证方式不同。航运企业安全管理体系是由航运公司注册地的海事管理机构组织审核并颁发公司的符合证明和船舶的安全管理证书。水路运输企业安全生产标准化是企业和评价机构双向自主选择，由评价机构组织评价和颁发企业等级证明，不对运输工具(船舶)颁发其他证书。

③ 适用范围不同。航运企业安全管理体系只适用于航运企业。水路运输企业安全生产标准化除适用于航运企业外，还适用于港口码头企业。

④ 关注点不同。航运企业安全管理体系主要关注安全和防污染。水路运输企业安全生产标准化主要关注安全和职业健康。

8.3.3　水路运输企业安全生产标准化建设依据

1. 水路运输企业安全生产标准化建设规范

水路运输企业安全生产标准化建设的依据包括水路运输相关法律、法规、规章、标准、规范。在开展标准化建设时，重点依据《交通运输企业安全生产标准化建设基本规范》总体要求和与企业经营业务(旅客运输、普货运输、危险货物运输、港口客运、港口普货、港口危险货物)范围相适应的规范。

各类水路运输企业安全生产标准化建设依据的规范内容大致相同，不同之处主要表现在专业要求中的安全管理制度、操作规程、设备设施管理等方面有所差异。此外，针对运输业务及船舶类型的不同，规范有一些特殊要求。

2. 水路旅客运输企业安全生产标准化建设依据

水路旅客运输企业指运用客运船舶，在海洋、沿海、内河，以及其他通航水域中从事经营性的水路旅客运输业务的交通运输企业。

水路旅客运输企业安全生产标准化建设的基本要求、通用要求均按照交通运输企业安全生产标准化建设基本规范第 1 部分总体要求的有关规定执行。其专业要求如下。

(1) 管理机构和人员

① 按规定配备具有与经营规模、范围相适应的专业技术人员、操作人员，按规定持证上岗。

② 客船服务人员应符合公司日常行为规范和服务准则的要求。

③ 客滚船公司应配备专业绑扎队伍。

(2) 资质、法律、法规和安全管理制度

企业应具备与运输业务和区域、船舶类型和数量相适应的证书，并建立必要的安全管理制度和操作规程。

① 企业应建立满足法律、法规、标准规定，并且符合企业实际的安全管理制度。安全管理制度至少应包括安全生产责任制；法律、法规、标准，以及其他要求的识别与获取管理；安全生产工作会议；安全生产费用管理；安全生产奖惩；安全检查；安全生产隐患排查治理；风险管理；事故报告、调查、处理；船员管理；培训教育；船舶值班；船舶和设备管理；船舶物料管理；消防管理；应急管理；相关方管理；职业健康管理；旅客安全检查制度；客舱安全巡查制度；旅客安全告知制度；旅客食品卫生安全制度；旅客传染性疾病报告和控制制度；旅客应急演练制度(适用时) ；车辆舱安全巡查制度(适用时) 。

② 操作规程。企业应根据水路旅客运输工艺、设备设施的特点和风险评估的结果，编制操作规程。操作规程应符合国家和行业相关标准规范的要求，至少包括船舶调度；船舶防风、防台、防冻；交通密集水域、危险航道、狭水道航行；能见度不良航行；船舶进出港；船舶靠离泊；船舶主要设备操作、维护和保养；船舶防污染设备操作；车辆固定绑扎 (如适用)；旅客登、离船安全操作；旅客疏散撤离等操作规程。

(3) 安全投入

企业应保证安全投入，对旅客投保承运人责任险。

(4) 设施设备

① 设施设备的建设与维护。对船舶建造和修理、设施设备保养、关键性设备识别和监测、应急通道标识、重点部位监控、设备设施资料管理、客船卫生条件、客船播音设备、公告区域公告系统等都提出了要求。

② 安全防护设施设备管理。船舶各类通道、作业平台应保持畅通，防护设施应完善，防雷及接地设施应完好。船舶应按船检规范要求装备经船舶检验机构认可的报警装置，同时按规定进行检查、检验和保养，并定期对设备进行测试，保证正常可用。

③ 通导设备管理。按规定为船舶配备雷达、卫星定位系统、船舶自动识别系统、罗经等通航辅助设备，并确保设备工作正常，按规定维护保养，检查记录完整。

④ 备件物料工属具管理。企业应制定船舶备件、物料、工属具配备管理制度。船舶易耗常用备件、物料配备应齐全。企业应进行检查维护和及时补充。

⑤ 电气安全管理。船舶电气的安全配置应符合船检规范，并保持完好。

⑥ 消防、救生和防污染设备设施管理。船舶应按规定配备消防、救生和防污染设施设备及器材，建立使用、维护管理制度，按规定进行检查、检验和维护保养，保存相关记录，保持正常可用。消防、救生和防污染设施设备布置应与防火控制图等法定文件和证书的要求保持一致，并定期开展效用试验。

(5) 科技创新与信息化

① 科技创新及应用。企业应使用先进的、安全性能可靠的新技术、新工艺、新设备和新材料，优先选购安全、高效、节能的先进设备，组织开展安全生产科技攻关或课题研究，建立安全生产管理系统或平台，采用现代科技手段，提升安全管理水平。

② 信息化。企业及船舶应设有电子显示设备。根据企业实际情况设置其他安全生产监管信息系统，确保船舶安全航行。

(6) 教育培训

① 资格培训。企业主要负责人和安全管理人员应接受安全培训，并取得安全资格证书。关键操作人员应按有关规定参加安全教育培训并考核合格，取得适任船员资格证后，方可从事相应的关键设备作业或者管理工作，并按规定定期进行复审。

② 日常安全教育培训。应对企业及相关方上船作业人员进行安全教育，保存安全教育记录。企业还应告知外来参观、学习等人员有关安全规定及安全注意事项。

(7) 作业管理

① 生产流程。生产流程应根据船舶类型、旅客上下船方式、装卸货种、装卸方式、积载要求等情况选择合适的符合规范要求的流程。作业人员应了解载

运货种的特性、船舶航行危险因素等信息，严格执行操作规程和安全生产作业规定。

② 船舶进出港、锚泊、靠离泊。船舶进出港、锚泊、靠离泊操作应严格遵守安全规范和操作规程。

③ 货物装卸。货物装卸应执行装卸货申报、准备、装卸作业、货物管理等规定。企业指定人员对旅客上下船、装卸作业进行管理，禁止装卸危险货物。

④ 船舶航行与停泊。船舶航行与停泊应执行开航前检查、轮驾两部联系、机舱巡回检查、航次会议、航行值班、停泊值班、交接班、驾驶台规则、重要时期领导带班、相关方管理等制度。制定船舶防碰、防风、防雾、防触礁、防人员落水、防污染、靠(离)泊作业、危险作业管理等关键性操作措施，并严格实施，保存相关记录。

⑤ 旅客安全管理。企业应采取措施严防违禁物品上船，并指定专人进行旅客安全巡查和管理。针对旅客在船期间发现的违禁品，企业应有符合规定的处理措施，实行旅客安全告知，向旅客宣传消防救生、水上安全和防污染知识；实行旅客实名制管理，及时报告和处理传染性疾病和患者。旅客应急通道应畅通，明确标识旅客限制区域并加强安全保卫管理。

⑥ 滚装车辆及货物管理。滚装车辆及货物管理包括滚装车辆及货物的系固、装载，应符合船舶系固、装载手册要求。

⑦ 消防管理和救生管理。企业应建立防火安全管理、使用明火作业申报制度，制定固定灭火系统安全操作程序、营救落水人员程序、消防演习计划，并贯彻执行。客舱区应张贴消防安全须知、逃生路线图、客房有消防安全提示。船舶配有火灾应急应变部署表、船舶防火控制图，定期开展消防安全检查、救生演习。

⑧ 防污染管理。企业应制订船舶防污染应急计划并得到主管机关批准；制定垃圾管理制度，实行垃圾分类收集存放；制定加装燃油、润滑油和油污水，以及生活污水处理程序并严格执行；制定溢油应急演习计划，并按计划进行演习。此外，油类记录和生活垃圾处理记录应齐全。

⑨ 船舶保安和警示标志。企业应建立船舶保安体系，定期演练；装备认可的保安器材，并按规定进行检查保养。对存在危险因素的作业场所和设备设施，企业应设置明显的安全警示标志。

⑩ 变更管理。企业应制定并执行变更管理制度，对人员、货种、设备设施、管理及环境等永久性或暂时性的变化进行控制。变更的实施应履行审批及验收程序。

(8) 职业健康

企业应关注从业人员的职业健康，依法为从业人员缴纳工伤保险。

(9) 安全文化

企业应建立安全文化氛围、安全标识，形成自身安全观，并制订主要领导、安全管理人员访船计划，鼓励员工发现并报告安全管理存在的问题。

(10) 应急救援

船舶开航后，企业应以多种形式对旅客进行船舶救生、消防等应急知识的宣传和培训[2]。

8.3.4 水路运输企业安全生产标准化建设阶段和注意事项

1. 建设阶段

水路运输企业安全生产标准化建设包括调研分析、策划、培训、编写文件、实施、评价改进等 6 个阶段。

① 调研分析阶段。调研企业安全管理现状，包括企业安全目标、业务流程、组织机构、安全管理人员、应急资源、管理制度、操作规程等安全管理信息，对照相应的安全生产标准化建设规范、法律、法规，对企业安全管理现状进行分析，掌握企业安全管理相关信息。

② 策划阶段。针对调研分析的结果，确定安全生产标准化建设方案，包括任务、进度、分工等。

③ 培训阶段。对参与建设人员进行安全生产标准化建设规范等相关内容培训。

④ 编写文件阶段。根据建设方案，开展企业安全标准化文件编写。

⑤ 实施阶段。发布安全生产标准化文件，对全体从业人员进行培训、动员，严格实施企业安全生产标准化管理。

⑥ 评价改进阶段。组织进行安全生产标准化建设自我评价，根据自我评价结果，申请评价机构进行评价。根据自我评价和评价机构提出的改进意见，制定改进方案，实施改进，不断提高安全生产标准化实施水平和安全绩效。

2. 注意事项

(1) 标准化文件编写注意事项

① 结合企业现有安全管理文件使用情况，制订标准化文件架构。文件架构既要满足规范要求，又要便于日常使用。

② 标准化文件内容要符合本企业航运业务开展的实际情况，既要满足规范强制性要求，又要便于企业航运业务和安全管理工作的开展。

(2) 实施过程注意事项

① 安全生产标准化的实施，应体现全员、全过程、全方位、全天候的安全监督管理原则，通过有效方式实现信息的交流和沟通，不断提高安全意识和安全管

理水平。

② 安全生产标准化的保持，应采用策划、实施、检查、改进的模式，通过自我检查、自我纠正和自我完善，建立安全绩效持续改进的安全生产长效机制。

(3) 评价过程注意事项

① 在自我评价过程中，企业要根据航运业务开展情况和自我评审员数量制订计划，保证自我评价的时间和内容，实事求是地开展评价。企业自我评价要客观、真实，对于存在的问题不回避，并切实做好整改，不能为了达到所需的分数而隐瞒存在的问题。

② 在外部评价过程中，企业要积极配合评价组的工作，为评价组工作提供便利。对于评价组提出的问题，企业要积极整改，切实发现问题、改进工作，提高安全管理水平[3]。

(4) 获得等级证明后注意事项

① 标准化文件不是一成不变的，要根据企业业务的发展和内外部环境的变化，及时修改、完善标准化文件，保证标准化文件内容符合法律、法规和企业安全管理实际。

② 企业要认真开展年度核查，防止走过场，通过年度核查发现企业安全管理存在的问题并及时改进。企业年度核查报告要及时报评价机构审查，并做好接受评价机构现场核查的准备。

参考文献

[1] 中华人民共和国交通运输行业标准. JT/T 1180.1—2018 交通运输企业安全生产标准化建设基本规范第 1 部分：总体要求[S]. 北京：人民交通出版社, 2018.

[2] 中华人民共和国交通运输行业标准. JT/T 1180.8—2018 交通运输企业安全生产标准化建设基本规范第 8 部分：水路旅客运输企业[S]. 北京：人民交通出版社, 2018.

[3] 陈安洲. 交通运输企业安全生产标准化体系建设存在问题及建议[J]. 建筑工程技术与设计, 2018, (22): 5766.

第 9 章　其他相关的安全和质量管理体系

9.1　海事管理体系

海事管理机构是交通运输部直属或各地方交通运输主管机关所属的专门负责履行水上交通安全监督管理，船舶及相关水上设施检验和登记、防止船舶污染和航海保障等行政管理和执法职责的机构。海事管理是维护水路运输系统安全、稳定和环境保护的重要一环。

自 20 世纪 90 年代以来，海事管理机构为了履行国际公约、提高自身管理水平和服务质量，结合各自实际，陆续建设了船员考试评估发证质量管理体系(后改为船员管理质量管理体系)、船舶(法定)检验质量管理体系、海事(履约、服务、质量)管理等体系。这些海事管理体系的建设、运行和持续改进，对于海事管理机构更好地履行海事监管职责，履行国际公约，强化内部管理，规范执法行为，提高行政效能，增强公共服务能力，提升海事公众形象起到了重要的作用，同时在水路运输系统的安全、稳定和环境保护方面发挥了重要作用。

9.1.1　建设海事管理体系的依据和方法

海事管理体系建设的目的是规范海事管理各项工作，加强内部管理，提升管理水平和效能，提高服务对象满意度，确保各项海事管理与服务活动得到连续有效控制，提升管理与服务活动的系统化、程序化、标准化和信息化水平，提高工作效率和质量，有效服务地方经济社会科学发展、和谐发展，实现全面履职，保障水路运输系统安全、稳定运行。

1. 建设海事管理体系的依据

海事管理体系参考《质量管理体系 要求》，主要依据以下标准或规定建立，即《中国海事履约规则》《海事履约体系管理标准》《船舶登记质量体系管理规则》《中华人民共和国船员培训和船员管理质量管理规则》《中华人民共和国船舶交通服务质量管理体系工作指南》，以及相关国际公约、规则和国内有关法律、法规、规章、规范、技术规范，各直属、地方海事管理机构自身制定的管理体系标准。

2. 建设海事管理体系的方法

在满足上述依据的基础上，海事管理体系采用过程方法、系统方法、风险管理、目标管理等系统质量管理基本理论和方法，制定海事管理方针与目标，明确岗位、职责与权限，确定所需的资源，考虑风险和环境动态变化，识别和管理质量体系所需的过程，将质量管理要求融入海事管理与服务活动中。

通常由海事业务、行政、党群、后勤保障等单位(部门)组织对各项活动进行识别，确定职责分配和工作流程，编写程序文件、须知，经相关部门、分支机构会签、分管领导审核，报最高领导层审批、发布。组织进行宣贯后实施，通过有效运行海事管理体系，保证各项活动按照海事管理体系文件(程序文件、须知文件等)要求开展，定期进行监测，发现问题并及时纠正，保证海事管理体系持续改进，动态适应内外部环境的变化。

9.1.2 海事管理体系架构

1. 海事管理体系组织架构

各海事管理机构的海事管理体系组织架构根据体系涵盖的海事业务和其他管理工作范围的不同虽然有所不同，但大都包括海事业务、行政等活动及相关部门(岗位)。大部分直属海事局设有下属分支局(机构)。这些分支局纳入全局海事管理体系的情况有所不同，一般有以下两种模式。

(1) 全局一个体系的模式

全局上下按一个体系运行,局属各单位不单独建立相对独立运行的管理体系，而是作为全局体系的组成部分，以此确保全局范围内进行的海事业务、行政、党群等各项海事管理活动都受到连续、有效和统一的控制。

例如，山东海事局管理与服务质量体系适用于山东海事局机关、局属各单位及海事处三级机构，覆盖海事业务、行政等海事管理与服务活动，主要包括行政管理、法规规范、人事教育、应急指挥、通航管理、安全管理、船舶监督、船员管理、危管防污管理等。

(2) 总局和分支机构单独建立体系的模式

总局和分支机构分别建立相对独立的质量管理体系。例如，长江海事局建立了局机关海事管理体系，各分支局建立相对独立的海事管理体系。

长江海事局机关海事管理体系适用于长江海事局机关内设机构和处室办事机构，覆盖海事业务、行政等海事管理与服务活动。

局属分支局建立了相对独立运行的海事管理体系，适用于分支局内设职能部门、处室办事机构、派出机构，涵盖分支局海事业务、行政等方面海事管理与服务活动。

2. 海事管理体系文件架构

海事管理体系文件一般包括管理手册、职责手册、程序文件、须知文件和支持性文件。

管理手册是海事管理体系的纲领性文件，明确了海事管理体系所包含的各项要求及实施标准。管理手册一般包括海事管理机构概况、海事管理方针和目标、责任与权利、管理者代表，人员配备和培训、预防和应急反应、调查分析和纠正、文件和记录、内部审核和管理评审等管理体系要求的总体描述。

职责手册明确了海事管理体系涵盖的部门和岗位的职责、权限及相互关系。

程序文件用于界定重大、综合性活动涉及的单位、部门、岗位职责，明确工作环节和控制方法，协调工作接口和相互关系，规定某项工作和活动的目的和范围，应做什么和由谁来做，何时、何地、如何做，以及如何进行控制和记录。

① 有的海事管理体系将程序文件分为一级程序文件和二级程序文件。一级程序文件由各部门根据职责分工统一制定，适用于全局，包括综合程序、业务程序、行政程序等。二级程序文件由各分支局、后勤管理中心等部门依据一级程序文件制定、发布和管理，仅适用于相应分支局、后勤管理中心等部门。

② 有的海事管理体系将程序文件分为公共程序文件和其他(专项)程序文件。公共性程序文件由海事管理体系具体负责部门(体系办或质管办)组织编制，全体部门实施。其他程序文件由相关部门组织编制和具体实施。

③ 有的海事管理体系将程序文件分为海事业务管理工作程序、海事行政管理工作程序等程序，分别由相应的职能部门或分支机构组织编写和实施。

须知文件是对具体海事管理活动进行明确规范和指导操作的文件，是程序文件中关键性工作环节的细化和明确。

① 有的海事管理体系将须知文件分为通用须知文件和内部须知文件。通用须知文件包含直属海事局通用须知文件、分支局通用须知文件和后勤管理中心通用须知文件。直属海事局通用须知文件适用于直属海事局全局。分支局制定的通用须知文件适用于分支局全局。后勤管理中心制定的通用须知文件适用于中心各科室或各分中心。内部须知文件包含局机关部门、处室办事机构内部须知。分支局机关部门、下属单位内部须知和后勤管理中心内部须知仅适用于本部门或本单位内部。

② 有的海事管理体系将须知文件分为公共须知文件、其他(专项)须知文件。公共性须知文件由海事管理体系具体负责部门(体系办或质管办)组织编制，全体部门实施。其他须知文件由相关部门组织编制和具体实施。

支持性文件一般包括有关国际公约、规则；现行有效海事管理法律、法规、规章，以及上级规范性文件；海事管理机构内部现行有效规范性文件和内部管理文件。

9.1.3 海事管理体系监控和效果

(1) 内部监控

海事管理体系内部监控主要通过内部审核、管理评审，以及日常监控实现。

内部审核由海事管理机构分管领导组织，体系(质管)办组织内部审核员具体实施，每年至少一次，覆盖本体系所有受控单位、部门和活动。内部审核的方法与本书介绍的其他管理体系的方法类似，审核输出也基本相同。

有的海事管理体系规定，对于海事机构局机关的内部审核应覆盖局机关各部门；对于局属各单位的内部审核，每年一般不少于其所属单位、部门总数的三分之一，并覆盖其所有业务部门，以 3 年为一个周期，完成全部覆盖。

管理评审原则上每年一次，评价海事管理体系持续的适宜性、充分性和有效性，提出改进要求；当内外部环境、组织机构等发生较大变化或出现重大安全或责任事故时，适当增加评审频次。管理评审主要内容包括质量方针、质量目标的适宜性和实现程度，体系运行的充分性、适宜性和有效性，体系运行过程中资源保障的有效性，体系内外部评审结果及改进的建议。

日常监控包括各单位、部门组织的自查，各职能部门对下级单位的监督检查等。检查频率自定，常见的为每年 1～2 次，检查方法与日常管理工作结合，验证海事管理体系在本单位、部门的实施情况。各职能部门按照有关海事管理体系文件规定对下级单位开展各种形式的监督检查，如执法检查、审计检查、技术装备“管用养修”检查等。

对于内部审核、管理评审及日常监控中发现的问题，各责任单位应分析产生问题的原因，在规定时间内完成纠正预防工作。

(2) 外部监控

海事管理机构依据《海事履约体系审核程序》《中华人民共和国船员培训和船员管理质量管理规则》等文件关于外部审核的要求，接受并通过交通运输部海事局对海事管理体系的审核。

此外，有的海事管理机构还邀请第三方机构，对自身的海事管理体系进行第三方(外部)审核。

(3) 效果

自 20 世纪 90 年代以来，中国各海事管理机构的海事管理体系经历了从无到有、从单一到全面，并逐步实现与国际接轨的发展历程。从初始履行 STCW 78/95 公约建立的船员考试、评估和发证质量管理体系，到后续的根据自身管理需要依据 ISO 9001 质量管理体系标准或质量管理基本原理建立服务(综合)质量管理体系，以及根据海事履约工作要求、海事实施公务员管理等实际工作需要建立海事管理与服务质量体系。

海事管理体系的建立、运行，促进了海事监管方式向更加系统化、标准化、效能化、科学化、精细化转变，推动了海事管理机构管理创新、实现职能转变和作风转变，是海事管理机构主动改变管理理念的体现，也是海事转变发展方式和促进海事文化建设的举措。通过海事管理体系的持续改进，夯实了海事管理机构内部管理的制度基础，规范了各项海事管理与服务活动，保证了履行国际公约的有效性，提升了海事管理机构依法履职的能力和水平，提高了服务对象的满意度，在保障水路运输系统安全、稳定运行中发挥了重要作用。

9.2 船舶检验质量管理体系

船舶是水路客货运输的载运工具，是水路运输系统的重要环节。船舶建造质量和安全营运在水路运输系统安全、稳定中起着关键作用。

船舶检验是确定船舶技术状态的主要手段，是保证船舶建造和营运质量的首要环节，也是确定船舶是否适航的第一道防线。船舶检验通过对船体结构、安全性能、动力装置、安全设备及其所用的材料、部件和产品的监督检验，促进船舶和海上设施、集装箱符合国际公约、国家法令和船舶检验技术规范的要求和规定，促使船舶保持良好的技术状态，使其具备安全航行和安全作业条件。同时，也为船舶所有人在船舶登记、取得船舶证书、保险事务、提高其在航运市场竞争力，以及海事处理等方面提供必要的依据。

船舶检验机构指实施船舶检验的机构，包括交通运输部和各省、自治区、直辖市人民政府设置的船舶检验机构和外国船舶检验机构在中华人民共和国境内设立的验船机构。船舶检验机构的检验业务范围由交通运输部海事局向社会公布。

船舶检验质量对于保障船舶的技术状态、保障船舶航行安全和防止船舶污染水域起着重要作用，关系到人命、财产和环境的安全，对于把好船舶适航能力关、提高航行安全水平具有重要意义。

按船舶检验性质，船舶检验可分为法定检验、入级检验和公证检验三类。

法定检验指船旗国政府或者其认可的船舶检验机构按照法律、行政法规、规章和法定检验技术规范，对船舶、水上设施、船用产品和船运货物集装箱的安全技术状况实施的强制性检验。经检验合格后，签发相应的法定证书，证明船舶遵守我国政府有关法令、条例(包括中国政府承认的有关国际公约)，满足中华人民共和国海事局颁布或认可的有关船舶建造和营运规范、规则等要求。

入级检验指船东为了使船舶和海上设施获得某个船级社的船级而申请接受船级社检验。入级检验合格后，由船社级签发入级证书并载入船级社目录，授予相应的入级符号、附加标志。

公证检验指因行政、司法或民事需要，根据申请人要求，船检机构以第三者身份对船舶技术状况进行鉴定，出具证明的一种检验，也称公证鉴定。

法定检验具有强制性，入级检验和公证检验一般不具有强制性。

9.2.1 建立船舶检验质量管理体系的依据和方法

船舶法定检验质量管理体系指建立在船舶法定检验机构，满足主管机关要求的旨在保证船舶法定检验质量的系统化的管理体系。

(1) 建立船舶法定检验质量管理体系的依据

船舶检验机构应当建立和严格执行保证检验发证质量的控制程序和管理制度。尽管主管机关没有给出强制性的船舶法定检验质量管理体系标准，但给出了参考标准和管理体系文件模板。总体而言，建立船舶法定检验质量管理体系主要有以下依据或参考标准。

① 《船舶检验管理规定》。

② 船舶法定检验质量管理体系质量管理手册、工作程序模板。

③ ISO 9001:2015《质量管理体系 要求》。

④ ISO/IEC 17020:2012《合格评定各类检查机构的运作要求》的部分要求。

⑤ 相关的国际公约、法律、法规、规章、标准和船舶检验技术规范。

(2) 建立船舶法定检验质量管理体系的方法

为了保证船舶检验质量，国内外船舶检验机构均建立了船舶检验质量管理体系。尽管不同船舶检验机构的船舶检验质量管理采用的标准和认证机构不同，但大都按照国际通行的质量管理标准和方法，如 ISO 9000 质量管理体系标准，过程方法、目标管理、绩效管理、PDCA 循环等质量管理标准和方法。

船舶法定检验质量管理体系中有一个引用的术语“工作事项”，指某一项具体工作，若干工作事项构成质量管理体系，一个工作事项又可以细分成多个步骤。工作事项相当于 ISO 9000 标准中的术语“过程”。

9.2.2 船舶检验质量管理体系架构

船舶检验质量管理体系的组织架构，因船舶检验机构组织架构的不同而不同，但至少应覆盖其(包括分支机构)船舶法定检验业务范围相关的部门和单位。一般在质量管理手册中用组织机构图结合文字进行说明。

根据主管机关的推荐，船舶检验质量管理体系文件主要包括质量管理手册、工作程序、工作指导。

1. 质量管理手册

质量管理手册旨在描述船舶法定检验质量管理体系的范围和构成，帮助使用者能够快速了解船检机构的质量管理体系。质量管理手册连同其引用的文件、法律、法规和规范，是船舶检验机构开展船舶法定检验活动的依据。各部门、各岗位人员均应严格遵守和执行。质量管理手册主要包括以下内容。

① 机构简介。介绍本机构职能和隶属关系；本机构历史沿革；本机构部门设置、人员配备、业务范围；本机构及分支机构的办公地址、邮政编码、联系电话、官网地址等内容。

② 质量方针。质量方针应体现本机构的工作理念和指导思想。

③ 船舶法定检验质量管理体系范围。船舶法定检验质量管理体系包括覆盖的部门和单位、本机构和各分支机构的业务范围、采用的管理体系标准。

④ 通用术语及说明。

⑤ 质量体系框架图。

⑥ 各工作事项简介。根据本机构的具体情况对每个程序建立一份工作事项简介表格。表格应包括程序编号、程序名称、工作任务、主责岗位、协助岗位、评价指标、相关工作程序、相关工作指导、相关法规规章和上级文件、相关检验规则和规程、规定格式记录等。

2. 工作程序

工作程序是规定一个工作事项从开始到结束步骤及具体要求的文件。工作程序一般包括程序名称、编号、目的、适用范围、工作职责、工作程序和要求、附件。

根据船舶检验业务的不同，船舶法定检验质量管理体系包括年度工作目标和计划管理、工作流程设计工作、营运船舶检验、船用产品检验、船舶建造检验、船舶图纸审查、现有船舶初次检验、工厂认可、船舶变更检验机构、型式认可、船舶检验等效、免除管理、管理评审、船舶检验信息服务、公文接收和处理、复验管理、外部反馈船检质量问题调查、业务申诉、投诉和争议处置、检验工作质量风险分析和防控、重大业务事项请示报告、业务分工管理、外部检测结果采信、岗位设置和人员配备、岗位技能培训、检验仪器设备管理、计算机设备与软件管理、船舶检验空白证书纸管理、船检技术规范制定、船检业务知识和经验管理、文件管理、记录管理、船舶检验技术档案管理、相对人信息保护、工作质量问题整改、内部审核、服务对象满意测评等程序。

3. 工作指导

工作指导是规定一个工作事项中的一个或几个环节的文件。其与工作程序的区别在于工作程序规定的是一个工作事项的全部。工作指导描述的则是一个工作事项的部分。工作指导类文件不统一命名规则，根据习惯可以冠之以须知、制度、规定、作业指导书等。

船舶法定检验质量管理体系框架如图 9-1 所示。

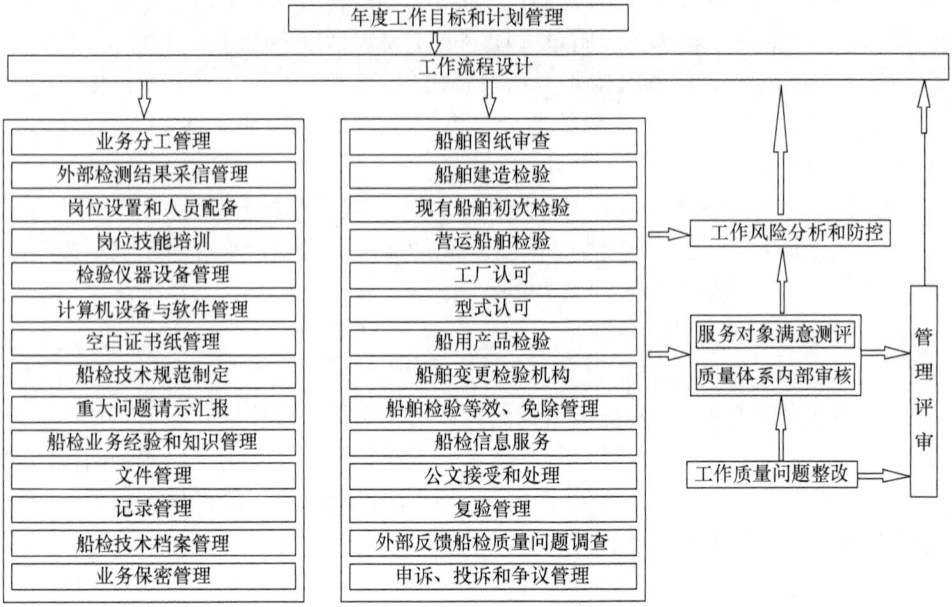

图 9-1　船舶法定检验质量管理体系框架图

9.2.3　船舶法定检验质量管理体系监控

(1) 内部监控

船舶法定检验质量管理体系内部监控主要通过内部审核、管理评审等途径实现。

船舶检验机构应当向交通运输部海事局报告年度船舶检验工作情况，包括船舶法定检验质量管理体系运行、检验业务量、检验人员变化等情况。

原则上，纳入质量管理体系内的工作事项和单位/部门每年应至少审核一次。存在以下情形的工作事项和部门/分支机构应适当增加审核的次数。

① 审核发现的问题相对较多。

② 相关方满意度调查发现的问题相对较多。

③ 检验工作质量监控发现的问题相对较多。

④ 检验业务范围扩大。

⑤ 发生船舶检验质量责任事故。

(2) 外部监控

交通运输部海事局组织对船舶检验机构检验能力和条件进行核查，对船舶检验机构检验质量体系进行监督。

海事管理机构发现涉及船舶检验较大质量问题时，应当通报相关船舶检验机构。涉及船舶检验重大质量问题的，应当报告交通运输部海事局组织调查处理。相关船舶检验机构应当对船舶检验质量问题进行分析整改，并将整改情况通报海事管理机构。

船舶检验机构应当配合海事管理机构开展船舶检验质量监督和调查。船舶检验机构对海事管理机构的监督和调查行为有异议的，可以向交通运输部海事局报告。

9.3　航标服务质量管理体系

9.3.1　航标服务质量管理体系概述

(1) 航标的作用

航标指供船舶定位、导航，或者用于其他专用目的的助航设施，包括视觉航标、无线电导航设施和音响航标。航标是为船舶航行及其他各类水上活动提供安全信息及相关支持性服务的船舶之外的系统或装置的简称，是水上安全保障体系的核心组成部分，是保障水上运输及活动安全、畅通、高效、不可或缺的重要手段。航标服务内涵及服务领域的特征主要表现在以下方面。

① 航标服务对象增加。航标将服务对象由单一的船舶逐步拓展到水上各类活动，如海洋潮汐预报、水上旅游、体育赛事等，使得航标服务对象更加多元化。

② 航标提供信息延伸。航标将服务的信息从单纯的助航信息延伸到安全信息及其他相关支持性服务，如气象水文信息等。

③ 航标服务范围扩大。航标将服务范围从船舶航行区域拓展到各类水上活动的范围。

④ 航标的虚实结合。随着电子海图及海事信息化的飞速发展，船舶自动识别系统虚拟航标在航海保障中发挥着越来越重要的作用。

(2) 航标服务质量管理体系的引入

在我国，沿海航标管理被纳入交通运输部海事局的行政管理范畴；长江干线航标管理被纳入长江航务管理局管理范畴。交通运输部海事局职责之一是负责航海保障工作。2005 年 12 月，国际航标协会通过《关于航标管理当局质量管理的建议》和《质量管理体系在航标服务提供上的应用》等文件，建议航标管理当局建立质量管理体系，并给出指南范本。与此同时，交通运输部海事局作为我国负责水上航行安全和防止船舶污染的职能部门，承担着大多数 IMO 国际公约的履约工作。IMO 于 2006 年全面启动自愿审核机制，为积极适应新形势、新要求，我国海事航标管理部门引入国际通用的 ISO 9000 族标准，建立并有效运行符合国际航标协会航标质量管理建议的航标服务质量管理体系。这一做法，特别是在航标服务管理方面，在实践上取得了良好效果，全面加强了航标基础性工作，提高了航标导助航的服务水平，适应了我国政府提出的参加 IMO 自愿审核的需要。

9.3.2　航标服务质量管理体系依据

航标服务质量管理体系建设的依据主要包括《中国海事履约规则》《海事履约体系管理标准》等交通运输部海事局文件和 IMO 相关要求，同时参考《质量管理体系在航标服务提供上的应用》等国际航标协会文件。

《质量管理体系在航标服务提供上的应用》为航标服务质量管理体系的建设和运行提供了一个指南。航标管理机构可根据用户的需要、期望、交通情况，以及每个区域存在的风险，对航标服务水平进行客观评价，确保提供和维持符合用户需求、令用户满意的高效可靠的服务，以保障航海安全、提高水上交通运输效率和保护环境。

《质量管理体系在航标服务提供上的应用》主要内容包括介绍、范围、质量管理体系、风险评估、用户咨询和过程管理。建议航标服务质量体系应包含航标服务的范围和目标、地理界限和职责范围、对国家航标管理机构的管理、提供航标服务的机构、组织机构、合作者、强制性文件、参考性文件、评估、记录、内部审查、外部审查、违规处理机制、培训需要、供应商管理、改进措施等内容。

9.3.3　航标服务质量管理体系架构

1. 航标服务质量管理过程

根据航标服务质量方针、目标，按照战略过程、关键过程、支持过程三个层面策划航标服务的实现。航标服务实现过程如下。

(1) 战略过程

① 为航标法规、标准的制定和修订提供意见和建议。

② 航标发展战略和规划制定的建议。

③ 航标科技推广和应用。

④ 航标业务管理控制。

⑤ 航标组织结构确定和管理。

(2) 关键过程

① 助航服务管理(航标用户及相关方交往沟通)。

② 航标建设管理。

③ 航标养护管理。

④ 航标应急反应管理。

(3) 支持过程

① 航标专业采购管理。

② 航标周转器材管理。

③ 基础设施管理。

④ 航标经费管理。

⑤ 航标人力资源管理。

2. 航标服务质量管理体系文件架构

航标服务质量管理体系文件架构可采用以下四个层次。

第一层次是质量手册。质量手册是质量管理的纲领性文件，是对质量管理体系的概括性描述，通过确定质量方针、质量目标，以及对质量管理体系包含的各要素做出规定，形成质量管理体系实施标准，是建立和运行管理体系的依据和最低标准。一般情况下，包含 ISO 9001 系列标准中对应的章节内容。此外，手册还包括机构简介、文件管理、组织管理等质量管理体系介绍和名词术语解释。

第二层次是程序文件。程序文件是使过程能始终如一完成的文件，用于描述质量管理过程要求的质量活动如何开展。核心部分对应质量手册中策划支持、运行、绩效评价、改进等 5 个部分。程序文件需要针对航标服务涉及的航标服务关键过程、支持过程、质量管理过程，结合航标质量管理内外部环境条件，描述过程链接、职能部门衔接等，确立体系运行时各相关方实施过程活动的依据和标准。程序文件将各个业务职能工作作为过程，明确其类别、名称、内容描述，标识其责任部门、相关部门、需用资源、过程的绩效指标，可以分析每个过程所处的整体环境及内外影响因素，便于从整体上予以把握。明确过程的输入和输出，可以知晓工作任务的来源，以及工作完成后形成的成果体现。风险控制部分是过程管理的重要内容，可以给出风险发生的失效模式和后果，标识风险等级，提出风险防控的预防措施建议，明确对过程的监测手段。风险的甄别、确定、防范、控制更多地需要长期经验积累，确保风险识别和应对措施“接地气”，提升工作效率和管理水平。这是对基于风险的思维的贯彻落实，也是实现质量管理体系有效性的基础。

第三层次是作业文件(指导书)。作业文件是质量手册和程序文件的支持性文件，规定某项活动的依据及执行要求，主要包括内部规章制度和外部管理规范。

作业指导书内容一般包括两个方面。

① 工作流程说明，明确过程管理一般流程顺序。

② 过程管理注意要点，对过程实施注意要点的备注提醒，特别是对风险控制的内容予以细化明确完善，对过程管理的具体环节需要填写、备注、留存的信息予以列明。

第四层次是质量记录(成文信息)。质量记录是实施航标服务管理工作产生的原始记录，为航标服务质量的程度和有效性提供客观证据，包括航标管理工作涉及的统计报表、记录簿、登记簿、审核审批表、调查表、考核表、通知书等各种形式的记录。

9.3.4 航标服务质量管理体系的建设与绩效

(1) 建立航标服务质量管理体系基本方法

为确保提供的航标服务满足航标用户要求，航标服务质量管理体系根据 ISO 9001 系列标准，以及相关法律、法规、国际公约、国际航标协会指南等文件和航标服务管理实际情况，通过制订质量方针和目标，确定组织结构和满足航标用户要求的过程，并采取必要的措施确保有效实施、保持和持续改进质量管理体系。

航标服务质量体系可采取如下的系统管理方法。

① 为确保质量管理体系的充分性，确定将用户的需求和期望(输入)转化为用户满意(输出)的整个过程，包括管理活动，资源提供，航标服务实现、分析和改进的过程。根据上述过程，对服务实现的影响大小及复杂程度进行相应的控制。

② 为确保质量管理体系的有效性，确定这些过程之间的内在联系、优先顺序和相互作用。对影响产品实现的关键过程和特殊过程，进行必要的控制。

③ 为使过程在受控状态下有效运行以达到预期目标，确定所需的准则和方法，明确规定过程的输入、输出及需要的资源。

④ 确保可以获得必要的资源和信息，以支持对这些过程的运行和有效监视。

⑤ 规定对上述过程进行监视、测量和分析的方法、人员和资源，对过程进行监视、测量(适用时)和分析，形成有关情况和结果的资料。

⑥ 实施必要的措施，实现这些过程策划的结果和对这些过程的持续改进。

按 PDCA 循环对航标服务涉及的过程进行管理。

针对可能存在的外包过程(浮筒养护、船只租用等)，在质量管理体系中加以识别，根据外包服务对航标服务实现的影响程度，在实现过程中确保对外包服务实施适当控制。

根据 IMO 自愿审核机制要求，以及国际航标协会关于建立航标质量管理体系的建议和指南，结合海区航标管理实际，运用 ISO 9000 系列标准的质量管理理念，采用过程管理方法建立并运行航标质量管理体系。

应用以过程为基础的质量管理体系模式，采用过程方法，通过满足用户需求增强用户满意度，具体包括 1 个直接过程(助航服务实现)和 3 个间接过程(运行控制、资源保障、质量管理)。直接过程和间接过程相互关联、相互作用，构成航标质量管理体系运行的 PDCA 循环，并且在每个子过程中始终形成 PDCA 的循环，达到持续改进的目的。

根据航标业务管理实际，在清晰识别服务内容、主要控制环节、用户要求的基础上，根据已确立的服务质量方针、目标，按照战略过程、关键过程、支持过程等层面策划服务的实现。

从提供服务的角度来说，关键过程是面向最终用户服务的过程。

航标质量管理过程的输入端是用户需求，输出端是用户满意，提供给用户的最终产品是符合规范标准和适应航运发展需求的航标服务。首先针对用户的需求，进行航标效能评估，提出航标建设、技术改造、配布调整、应急设标和加强行业管理等解决路径。除应急设标外，其他可能需要航标规划。规划输出是计划，规划需要政策法规和科技研究等支持。航标建设和技术改造应当列入计划，并按计划组织实施，实施过程中按规定应进行航标设置审批、动态发布，实施后按规定进行维护，为用户提供符合要求的航标。航标配布调整有的需列入计划，按计划组织实施，有的直接进入行政许可环节，如应急设标。需要加强航标行业管理的，进行现场行业督查，提出整改建议，并责令专业单位进行整改。总之，根据用户的满意情况，进行相关方沟通，可能又产生新的用户需求，再对需求进行效能评估，从而进入下一个 PDCA 循环。

(2) 航标服务质量管理体系建设

为更好地履行国际公约，提高服务水平，提供更好的导助航服务，同时也为了开展自愿机制审核夯实基础，2005 年底，交通运输部海事局开始筹划建立航标质量管理体系。2006 年初，经论证，确定了建立交通运输部海事局的三级航标服务质量管理体系，即部局、海区局和基层航测单位三级航测服务质量管理体系。该体系基于 ISO 9000 标准，参照国际航标协会《关于在航标服务提供中应用质量管理体系的指南》等文件建设。

通过建设航标服务质量管理体系，规范航标管理，明确各级管理者职责，对航标管理、行政执法，以及内部事务工作制定文件化的工作程序，可以使工作职责、职权分明，各部门、各环节、各岗位都有明确的工作程序和质量要求，形成全面控制、高效运转的质量管理体系，解决基础管理弱化、内部协调不畅等问题，使航标管理工作步入科学、系统、规范、高效的轨道。

航标服务质量管理体系建设过程通过规范航标质量管理工作流程及产生的各类质量记录，对航标管理各个环节和过程进行控制，使航标管理和服务过程的每项工作从开始到完成的各个过程都有清晰、完整的质量记录，提高了航标管理人员工作规范性，也为迎接 IMO 自愿审核提供了客观证据。

(3) 航标服务质量管理体系绩效

通过建立科学和完善的航标质量管理体系，综合考虑与航标管理工作紧密相关的组织结构、程序、过程和资源等因素，使航标管理各个环节更加明确，使影响航标管理和服务质量的各种因素都处于受控状态，通过定期内部质量管理体系审核、管理评审、工作检查，运用数据分析手段，对系统适宜性、充分性、有效性进行评价，不断改进工作，促进管理水平不断提高，确保预期质量方针、目标实现。通过对每个环节实施过程管理，解决传统航标管理中存在的操作和服务随意性较大等问题，促进工作规范化水平提升[1]。

9.3.5 航标服务质量管理体系审核

航标服务质量管理体系审核是一种质量管理举措，在推进质量管理体系有效运行方面发挥监管促进作用，是航标服务质量管理体系运行管理必须坚持的管理手段。

(1) 审核种类

航标服务质量管理体系审核包括例行性审核和临时性审核两种。例行性审核是一种有计划的审核行为，按照制定的审核计划进行质量管理体系运行有效性审核，是覆盖所有部门的全面审核，同时提出质量管理体系进一步完善改进的意见。例行性审核对实际工作情况和质量管理体系文件进行细致审核，发现问题并督促实施改进，增强质量管理体系运行的有效性。临时性审核是针对工作中出现的问题及管理体系文件调整进行审核，找出问题产生的原因并进行改进。临时性审核通常在质量管理体系文件进行了换版或者质量管理体系文件内容有较大变化，以及工作中发现问题时进行。

(2) 审核方式

航标服务质量管理体系审核分为集中式审核和滚动式审核。集中式审核在一个集中时间段进行。滚动式审核采用分期、分块审核方式。前者较集中，一次性完成审核，后者需要一个时间范围完成，但后者审核的范围小，审核所需的资源少，可在使用与集中式审核同等资源的情况下，实现更加深入的审核。

(3) 审核实施注意事项

审核重点应放在审核发现问题改进措施的落实。质量管理体系归口管理部门应对审核发现的问题和质量管理体系运行的缺陷进行动态跟踪，对限期整改不到位的导致缺陷重复发生的问题应建立责任追究机制，保障审核发现问题的整改落实。审核的实质是寻找质量管理体系运行缺陷，为质量管理体系持续改进创造机会，因此不能代替日常管理。

审核过程是审核员与受审方进行交流的活动。审核员应就发现的问题与受审方进行充分沟通并得到对方确认，共同寻找解决问题的方法，保证质量管理体系的持续改进。审核活动也是对受审核方进行工作指导的过程。审核员指出受审核方在质量管理体系运行中存在的问题，对于现场发现并立刻改进的问题，可不在审核报告中记录。

对审核报告中提出的问题，应加强动态跟踪、复查验证，对整改效果不佳的问题进行再次跟踪，并做好跟踪评价记录，必要时通过激励和约束机制保证纠正措施达到预期效果。

审核过程应严格按照客观性、公正性、全面性、及时性、独立性原则，建立健全并严格落实各项管理制度，不断拓展和丰富审核方式，采取询问、检查记录和实地勘察相结合、定期检查与不定期检查相结合、全面检查与专项检查相结合等方式，加大审核管理的力度，挖掘影响组织发展的深层次问题，找出问题的症结，集中整改解决。

提高航标服务质量管理体系运行有效性，对于提升航标管理水平具有重要意义。审核工作是诊断航标服务质量管理体系运行有效性的重要手段，要不断提升审核组织管理的规范性、监督性和权威性，严格落实问题的整改措施，确保审核组织管理工作有效推进，为水路运输系统安全、稳定运行奠定基础[2]。

9.4　健康、安全与环境管理体系

9.4.1　健康、安全与环境管理体系概述

健康、安全与环境管理体系(health，safety and enviroment management system，HSE)，指为实施健康、安全与环境方针目标所需的组织机构、职责、做法、程序、过程和资源等构成的整体。健康指人身体没有疾病，心理上(精神上)保持一种完好的状态。安全指消除一切不安全因素，使生产活动在保证劳动者身体健康、财产不受损失、人民生命安全得到保障的前提下顺利进行。环境指与人类密切相关的、影响人类生活和生产活动的各种自然力量或作用的总和。它不仅包括各种自然因素的组合，还包括人类与自然因素间相互形成的生态关系的组合。

由于安全、环境与健康的管理在实际工作中有密不可分的联系，因此将它们纳入一个统一的管理体系进行系统控制。

健康、安全与环境管理体系的形成和发展是结合了职业健康管理体系、安全管理体系和环境管理体系各自优势，特别是石油天然气勘探开发行业经验积累等基础上逐步发展起来的。

随着人民生活水平的提高，从业人员的健康、安全与环境意识不断增强，对自身健康、安全和工作环境的重视程度和要求也越来越高。国内外对健康、安全与环境的管理日趋严格，先后制定了一系列法律、法规、规章、标准、规范，推动了健康、安全与环境管理体系建设。

通过建立健康、安全与环境管理体系，组织可以提高管理水平，及时掌握相关法律、法规及其他要求，分析工作中可能存在的违法、违章问题，及时采取预防和纠正措施，规避可能带来的风险，减少事故发生，保护员工的健康与安全，减少损失，提高绩效水平，保护相关方的利益，提高资源的利益率，保护环境。同时，对树立良好的组织社会形象，提高声誉和竞争力起到积极推进作用。

9.4.2 几种健康、安全、环境管理体系简介

常见的与健康、安全、环境相关的管理体系有职业健康管理体系、ISO 45001 职业健康安全管理体系、环境管理体系、质量环境安全(quality，environment & safety，QES)管理体系、质量健康安全环境(quality，health，environment & safety，QHSE)管理体系等类型。

(1) 职业健康安全管理体系

职业健康安全管理体系有不同的管理体系标准，包括国际标准、中国国家标准等。

① 国际职业健康安全管理体系标准发展概况。

1996 年，英国颁布《职业健康安全管理体指南》，美国工业卫生协会制定《职业健康安全管理体系》等指导性文件。

1997 年，澳大利亚和新西兰提出《职业健康安全管理体系原则、体系和支持技术通用指南》草案，日本工业安全卫生协会提出《职业健康安全管理体系导则》，挪威船级社制定《职业健康安全管理体系认证标准》等文件。

1999 年，英国标准协会、挪威船级社等 13 个组织提出职业健康安全管理体系系列标准 OHSAS 18001，适用于任何组织职业健康及安全管理体系，通过管理减少和防止因意外而导致的生命、财产、时间的损失，以及对环境的破坏。在 ISO 关于职业健康安全管理体系标准尚未制定情况下，OHSAS 18001 标准起到了准国际标准的作用。2007 年 7 月，OHSAS 18001 标准制定工作小组发行 OHSAS 18001:2007 版标准，与 ISO 9001 标准和 ISO 14001 标准的描述和架构进一步融合。

2018 年 3 月，ISO 发布职业健康和安全管理体系标准 ISO 45001：2018。国际认可论坛提出在职业健康安全管理体系领域将 ISO 45001 标准作为职业健康和安全管理体系认证标准要求。自此，职业健康和安全管理体系标准从准国际标准 OHSAS 18001 转换到正式的国际标准 ISO 45001。

ISO 45001 标准由 ISO/PC 283 职业健康安全管理体系项目委员会起草。ISO 45001 标准是在 OHSAS 18001 已有规范上构建的，二者主要方法和目标相同。但也有一些变化，例如 ISO 45001 标准使用 ISO 管理体系通用术语和高层次架构，更加关注组织环境，强调最高管理者职责和领导作用等。

② 中国职业健康安全管理体系标准发展概况。

为尽快提高我国安全生产水平，保障广大劳动人民的根本利益，促进贸易发展，符合世界贸易组织规则的要求，2001 年国家质检总局发布国家标准 GB/T 28001—2001《职业健康安全管理体系 规范》。该标准覆盖 OHSAS 18001:1999 标准所有技术内容，适用于任何建立职业健康安全管理体系，并寻求外部机构对其职业健康安全管理体系认证的组织。

2011 年 12 月，中华人民共和国国家标准 GB/T 28001—2011《职业健康安全管理体系 要求》正式发布，并于 2012 年 2 月 1 日起实施。GB/T 28001—2011 标准等同采用 OHSAS 18001:2007 标准，同时考虑与国际劳工组织(International Labour Organization,ILO)的《职业健康安全管理体系指南》、GB/T 19001—2008、GB/T 24001—2004 等标准的兼容性。GB/T 28001—2011 标准规定了对职业健康安全管理体系的要求，旨在使组织能够控制其职业健康安全风险，并改进其职业健康安全绩效；更加强调职业健康的重要性，明确职业健康安全管理体系针对的是职业健康安全；增加了合规性评价要求，对职业健康安全策划部分的控制措施层级提出新的要求，对术语和定义部分作了较大调整和变动。GB/T 28001—2011 标准不规定具体的职业健康安全绩效准则，也不提供详细的管理体系设计规范。

为落实国际认可论坛决议要求，更好地服务中国获得职业健康和安全管理体系认证的组织，中国合格评定国家认可委员会秘书处于 2018 年 3 月发布《关于认证标准由 GB/T 28001—2011 转换为 ISO45001:2018 的认可转换说明》文件，要求已获认证证书客户在 2021 年 3 月 12 日前完成其认证证书的转换工作。

(2) 环境管理体系

根据 ISO 14001 的定义，环境管理体系指一个组织内全面管理体系的组成部分，包括为制定、实施、实现、评审和保持环境方针所需的组织机构、规划活动、机构职责、惯例、程序、过程、资源，以及组织的环境方针、目标和指标等管理方面的内容。

ISO 14001 标准是由 ISO/TC 207 环境管理技术委员会制定的环境管理体系标准，于 1996 年首次发布，2004 年和 2015 年分别进行了修订。该标准遵循传统的 PDCA 管理模式，以保证实施与实现过程不会偏离原有目标与原则，实现过程与结果的改进和提高，适用于任何组织。ISO 14001 标准将这些管理要素系统化、结构化，提出环境管理模式，主要要求如下。

① 制定环境方针并确保对环境管理体系的承诺。

② 为实现其环境方针进行规划。

③ 为了有效地实施，组织应提供为实现其环境方针、目标和指标所需的能力和保障机制。

④ 组织应测量、监测和评价其环境绩效。

⑤ 组织应以改进总体环境绩效为目标，评审并不断改进其环境管理体系。

(3) 质量环境安全管理体系

质量环境安全管理体系是 ISO 9001 质量管理体系、ISO 14001 环境管理体系和 ISO 18000 职业安全健康管理体系的整合。该管理体系可用一套统一的高层组织架构和文件架构，加上满足各个管理体系标准个性要求的文件内容，满足三个管理体系标准的要求。

(4) 质量健康安全环境管理体系

质量健康安全环境管理体系是在 ISO 9001 标准、ISO 14001 标准、GB/T28000 族标准和 SY/T 6276—1997《石油天然气工业健康、安全与环境管理体系》等标准的基础上，根据共性兼容、个性互补的原则整合而成的管理体系。

这些管理体系采用的标准共同遵守 PDCA 循环、过程方法、管理的系统方法等共同的管理方法或原则，采用共同的名词术语、通用的高层管理体系组织框架、文件结构，只是不同的管理体系标准的侧重点、顺序、深度略有不同。

9.4.3 健康、安全与环境管理体系标准简介

1. 健康、安全与环境管理体系标准

中国石油天然气集团公司企业标准《健康、安全与环境管理体系第 1 部分: 规范》引用的文件包括《环境管理体系 要求及使用指南》(GB/T 24001—1996)、《职业健康安全管理体系 要求》(GB/T 28001—2001)、石油天然气工业健康安全与环境管理体系(SY/T 6276—1997)。该标准的主要内容包括范围、规范性引用文件、术语和定义、总要求、策划、健康、安全与环境管理体系要求、管理评审等。健康、安全与环境管理体系模式如图 9-2 所示。

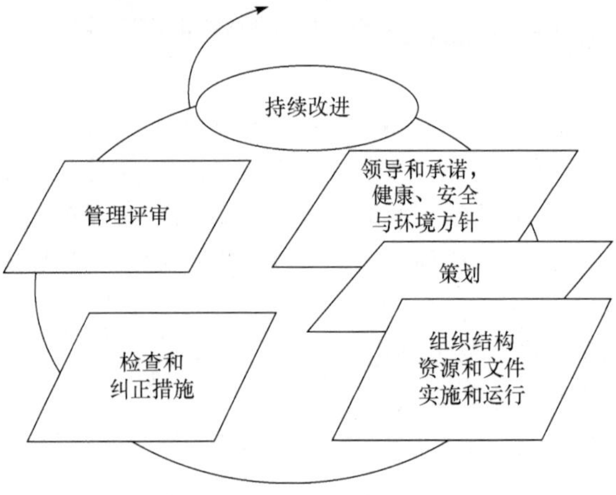

图 9-2 健康、安全与环境管理体系模式

健康、安全与环境管理体系要求包括领导和承诺；健康、安全与环境方针；对危害因素辨识、风险评价和风险控制的策划；目标和指标；健康、安全与环境管理方案、组织结构和职责、管理者代表、资源、培训、意识和能力、协商和沟通、文件和资料控制、设施完整性、承包方(或供应方)、顾客和产品、社区和公共关系、运行控制、变更管理、应急准备和响应、检查和纠正措施、绩效测量和监测、不符合纠正和预防措施、事故报告调查和处理、记录和记录管理、审核、管理评审。

2. 健康、安全与环境管理体系要求

健康、安全与环境管理体系通过事前进行风险识别与评价，确定活动中可能存在的危害及后果的严重性，从而采取有效的防范手段、控制措施和应急预案防止事故的发生或把风险降到最低程度，以减少人员伤害、财产损失和环境污染而采取的一套管理方法。

健康、安全与环境管理体系主张或采用一切事故都可以预防的思想；全员参与的观点；层层负责制的管理模式；程序化、规范化的科学管理方法；事前识别控制险情的原理。

健康、安全与环境管理体系的一般要求如下。

① 领导承诺、方针目标和责任。企业最高领导自上而下的承诺，并建立健康、安全与环境保障体系；制订企业的方针目标并管理，建立企业健康、安全与环境管理体系的指导思想；建立组织机构，明确不同部门、不同岗位、不同工种的责任。

② 组织机构、职责、资源和文件管理。企业建立健康、安全与环境管理机构，明确职责、权限和隶属关系；合理配置人力、财力和物力资源广泛开展培训，提高全员的意识和技能；建立完整的、适宜的、有效的文件控制模式。

③ 风险评价和隐患治理。明确评价对象，建立评价方法和程序，确定危害和事故的影响因素，选择判别标准，做好记录，建立详细目标和量化指标；评估和治理生产和服务过程中存在的隐患。

④ 承包商和供应商的安全、健康与环境体系管理要求。

⑤ 装置(设施)的设计和建设。

⑥ 健康、安全与环境管理体系的运行和维护。

⑦ 变更管理和应急管理。

⑧ 健康、安全与环境管理体系的检查和监督。

⑨ 事故处理和预防。

⑩ 体系的审核、评审和持续改进。

健康、安全与环境管理体系要求把健康、安全与环境方针、目标分解到企业的基层单位，把识别危害、削减风险的措施和责任逐级落实到部门、岗位人员，真正使健康、安全与环境管理体系从上到下规范运作，实现“全员参加、控制风险、持续改进、确保绩效”的目标。

9.4.4　健康、安全与环境管理体系架构

(1) 组织架构

健康、安全与环境管理体系组织架构与其他管理体系没有特别的差异，总体上可与常见的安全和质量管理体系的组织架构通用。此外，如果分支机构或某个建设(工程)项目建设健康、安全与环境管理体系，那么该分支机构或建设项目的组织架构应与上级组织相符。

(2) 文件架构

健康、安全与环境管理体系的文件架构与其他安全和质量管理体系类似，主要包括管理手册、程序文件、作业文件等。

① 管理手册是阐述组织健康、安全与环境方针、目标，描述健康、安全与环境管理体系整体信息的文件，是管理体系的纲领性文件和路线图。对内是实施健康、安全与环境管理体系的基本法规、共同遵守的行为准则，是学习健康、安全与环境管理体系和开展内部培训的教材；对外为健康、安全与环境管理体系审核提供文件依据，向相关方表明其健康、安全与环境管理准则和管理能力达到规定要求。其主要内容包括单位简介、管理体系文件发布令、适用范围、规范性引用文件、术语与缩写、满足健康安全环境管理体系要求的措施、管理手册管理、组织机构等。

② 程序文件是管理手册的支持性文件,是为进行某项活动或过程所规定的方法和途径，是健康、安全与环境管理体系过程控制的操作性文件。程序文件要明确健康、安全与环境管理相关活动，以及涉及的部门或岗位，列出开展各项活动的步骤、接口关系，提出活动如何控制和所要达到的要求。程序文件应充分体现5W1H(谁、何时、何地、做什么、如何做、如何控制)，使程序文件具有可操作性和可检查性。

③ 作业文件是程序文件的支持性文件,用于描述某个岗位或某项具体工作的做法或操作规程，是详细的工作文件，可以命名为作业指导书、操作规程等。根据危害识别及风险评价的情况，作业文件从干什么、如何干和出了问题怎么办三方面入手，可以明确有效地削减和控制风险。

健康、安全与环境管理体系是一套组织管理的做法和程序，它表达了一种对组织职业健康安全环境进行管理的思想和规范，强调系统化的健康安全环境管理思想。

9.5　教学诊断与改进质量保证体系

9.5.1　高等职业院校质量保证体系产生背景

我国交通运输类高等职业院校是我国交通运输系统人才培养、船员教育和培训的重要机构。我国教育行政主管部门从 2004 年开始正式启动高等职业院校人才培养水平评估，借鉴本科办学经验并参考美国等发达国家的做法，制定高等职业院校第一轮评估方案、指标体系等。第一轮评估在促进院校建设、规范管理、增强质量意识、促进教学改革，以及加强宏观管理等方面取得了明显的成效。第一轮评估在保障高等职业院校基本办学质量的过程中发挥了重要作用。

2008 年，高等职业院校人才培养第二轮评估启动，以“高等职业院校人才培养工作状态数据采集平台”为基础，通过灵活的专业剖析、说课、听课、深度访谈等多种方式分析、研究、解决问题。

五年一次的评估，不能代替院校常态的监测、日常的管理、细微的服务，更不能代替院校各具个性的质量保证活动。不同院校所处的区域环境、行业背景、历史沿革、发展阶段、瓶颈短板千差万别，无法用同一个评估指标体系来评价和衡量。经过第一、二轮评估之后，各方普遍意识到对办学、管理、评估三方的职责做出明确界定的重要性、必要性和紧迫性，“管、办、评”分离的呼声日渐高涨。

2015 年，为满足高等职业教育的发展和内涵建设的需求，在总结人才培养工作水平评估和经验教训的基础上，高等职业院校发挥主体作用，开始内部质量保证体系诊断与改进制度建设工作。

9.5.2　质量保证体系要求与 ISO 9000 系列标准的关系

质量保证体系要求与 ISO 9000 系列标准都是要求建立一种长效的、能自我改进完善的(PDCA 螺旋)体系，目的是保障教育质量，培养社会需要的高素质量的人才。从高等职业院校教学评估和诊改的实践来看，教育主管部门的评估和诊改工作与 ISO 9000 系列标准原理相同、目标相同，建立并运行 ISO 9001 质量管理体系的高等职业院校在评估和诊改工作中会更快更好地落实各项任务。内部诊断与改进项目内容包含 5 个诊断项目、15 个诊断要素、37 个诊断点，所有的项目任务通过“五纵五横一平台”落实[3]。但在建立 ISO 9001 质量管理体系的院校，可以将所有的项目任务落实到质量管理体系文件中来，诊改工作与质量监视测量完全结合实施，实现预期的诊改效果并持续改进。内部诊断与改进的要求从内部质量保证体系的角度出发，与 ISO 9001 标准可以直接对应。表 9-1 所示为 ISO 9001 标准与质量保证体系的对应关系表。

表 9-1　ISO 9001 标准与质量保证体系的对应关系表

ISO 9001 标准	诊改的“五纵”	五纵包含的内容
组织环境 领导作用 策划	决策指挥	领导体制、组织结构、制度建设、协调管理等
支持	资源建设	组织、人事、校内外资源开发、储存、使用、管理等
	服务支持	生活服务、社会服务、合作平台、数字化校园建设、安全保障等
运行	质量生成	教学、学生工作组织实施、校园文化建设
绩效评价	监督控制	质量数据(信息)采集、汇总、分析、质量报告、预警发布等
持续改进	“8 字形”螺旋的改进	

高等职业院校教育质量应该由顾客和相关方来确定，顾客一般包括学生、学生家长、用人单位、社会等，用人单位和社会是最终顾客，相关方可包括地方政府、合作方(合作办学方)，以及其他相关组织(如银行、金融机构、周边相邻单位和居民)等。最终顾客和相关方最基本的需求是高素质的劳动者和高端技术技能型人才，学生及其家长的需求是全面提升学生个人素质、提高学生就业竞争力、获得有发展前途的职业岗位，因此高等职业院校应该紧紧围绕顾客和相关方关注点和需求点来开展自我诊断。高等职业院校内部质量保证体系自我诊断方式可以有专业机构专项审核、利益相关者满意度调查及评价、质量目标达成度诊断和日常过程监测等形式，也可以是四类诊断方式的交叉和共用，通过分析不同的质量要求，确保所有参与教育活动的要素都能进入诊断范畴。

高等职业院校可从宏观上把握内部质量保证体系建设运行的基本逻辑，充分借鉴 ISO 9000 系列标准的要求，采用过程方法、PDCA 循环及基于风险的思维方法建立一套自我决策、全员参与、多元诊断、持续改进的内生发展机制，以质量目标为主线，过程管理为重心，形成质量改进螺旋单元，在运行中不断完善改进，实现诊断与改进的创新。

建立 ISO 9001 质量管理体系的高等职业院校可通过体系整合或融合的方式，按照“需求导向、自我保证、多元诊断、重在改进”的工作方针，营造全员积极参与的质量文化氛围，切实履行人才培养工作质量保证主体的责任，将诊断与改进的要求落实到质量管理体系文件中，运行在日常工作中，在职责清晰、流程明确、反馈畅通、持续改进的基础上，建立相应的分层次的质量目标、标准和考核指标体系，深入研究专业建设、课程建设、教师发展、学生发展各层面的深层质量，在日常工作中充分发挥各职能部门、全体员工在自主诊断、自我改进、螺旋上升等方面的导向作用，不断提升人才培养质量，提升服务社会的能力。

参 考 文 献

[1] 王彦杰，李陆江. 航标质量管理体系运行有效性审核管理分析探讨[J]. 航海，2017, (2): 32-33.
[2] 陈晓. 加强航标服务质量体系内部审核管理的分析与探索[J]. 中国标准化，2018, (20): 118-119.
[3] 袁宏志. 高等职业院校内部质量保证体系建立与运行实务[J]. 南京：南京大学出版社, 2017.